Inhalt

Vorwort

Die vegane Küche gewinnt rasant an Popularität. Kein Wunder, denn sie bringt Gesundheit, Umwelt- und Klimaschutz sowie Tierschutz auf einen gemeinsamen Nenner. Damit verfügt die vegane beziehungsweise die rein pflanzliche Küche über eine große Zielgruppe, die in den letzten Jahren stark angewachsen ist. Denn inzwischen haben sich nicht nur die Vorteile dieser Art des Kochens herumgesprochen, sondern es haben sich auch ihre kulinarischen Qualitäten enorm weiterentwickelt. Jahrzehntelang haben sich Köche, Hobbyköche und Gastronomen fast ausschließlich mit der »konventionellen« Küche beschäftigt, nun entdeckt man mit der veganen Küche völlig neue kulinarische Welten. Und in eben diese neuen kulinarischen Welten will das vorliegende Buch einführen. Es bedeutet neben jeder Menge Spaß in der Küche und Genuss auf dem Teller auch einen großen Beitrag zum Umweltschutz, zum eigenen Wohlbefinden und zum Wohl der Tiere. Jede einzelne Mahlzeit ist ein Schritt auf dem Weg zu diesem Ziel. Bis heute begeistert und motiviert mich diese Einzigartigkeit jeden Tag aufs Neue.

Als ich vor gut dreieinhalb Jahren begann, mich mit der veganen Küche auseinanderzusetzen, und meine eigene Ernährung umstellte, war ich überrascht von den positiven Auswirkungen auf meine Gesundheit, die sich innert kürzester Zeit einstellten. Ich fühlte mich leistungs- und belastungsfähiger und mein Geruchssinn verbesserte sich, was meine Begeisterung für die vegane Küche erst richtig entfachte und sich bis heute gehalten hat. Wie internationale Studien belegen, bietet die vegane Küche auch in Hinblick auf die »Zivilisationskrankheiten« der westlichen Welt wie Krebs, Diabetes, Bluthochdruck und Übergewicht klare Vorteile. Kulinarisch stand ich zu Beginn meiner Umstellung auf vegane Ernährung vor dem Dilemma, dass es kaum auf Junge zugeschnittene, einfache und leckere vegane Rezepte gab. Besonders einschränkend war für mich, dass »Süße Verführungen«, um hier gleich eine Rezeptkategorie dieses Buches vorwegzunehmen, schwierig zu finden waren. Ich machte mich also daran, meine eigenen Rezepte zu kreieren, und entdeckte dadurch meine Leidenschaft fürs Kochen. Und diese Leidenschaft hat sich mittlerweile zu einer Profession entwickelt.

Dies ist mein zweites Kochbuch. Es enthält 100 neue Rezepte, von pikant bis süß – neben vielen neuen Kreationen, von denen die vegane Küche nur so strotzt, auch einige beliebte Klassiker aus der Schweiz und aus aller Welt, wie etwa Spinatwähe, »Schinkengipfeli«, Club-Sandwich, Pizza oder Szechuan Stir-Fry. Mein Konzept, die vegane Küche mit ihren erwähnten positiven Eigenschaften auf eine junge, unkomplizierte und vielfältige Art mit Gaumenfreude zu verknüpfen, hat sich sehr bewährt. Ich bin kein Fan von aufwendigen Rezepten, ellenlange Zutatenlisten mit extravaganten Zutaten bereiten mir Kopfschmerzen. Ich versuche, meine Rezepte so einfach wie möglich zu halten, ohne dabei auf maximalen Genuss zu verzichten. Ich lebe mein Konzept zu hundert Prozent selbst und koche am liebsten nach meinen eigenen Rezepten.

Vegan kochen bedeutet nicht nur, gewaltig viel Neues zu entdecken, sondern macht richtig Spaß. In diesem Sinne auf in die Küche und »have some fun«

Übrigens: Die Bezeichnung »Junge vegane Küche« schließt ältere Semester natürlich nicht aus, sondern bezieht sich allein auf das Konzept des Buches.

Vegan einkaufen

Der Spaß am Kochen endet dort, wo die Zutaten mühsam in mehreren Läden oder sogar übers Internet zusammengesucht werden müssen. Nach diesem Credo gestalte ich auch meine Rezepte. 95 Prozent der Zutaten, die in diesem Buch zum Einsatz kommen, findet man in fast jedem Supermarkt. Beim Einkaufen im Supermarkt lohnt es sich, vor allem zu Beginn, wenn man mit dem veganen Angebot noch nicht vertraut ist, die Zutatenliste gewisser Produkte zu prüfen. Gerade Margarine, Schokolade, Kekse, Currypasten oder Müsli enthalten häufig nicht-vegane Bestandteile. Doch bald ist man mit den Produkten vertraut und der Einkauf wird zur Routine. Nussmuse, reine Edelhefe, Seitan, Räuchertofu guter Qualität und Tamari sind Zutaten, die (noch) nicht in allen Supermärkten angekommen sind. Man findet sie in Bioläden und Reformhäusern. Gerade bei Nussmusen und Edelhefe, die zu den «Must-haves» meiner veganen Küche gehören, aber auch bei Tamari besteht der große Vorteil darin, dass sie sich beinahe beliebig lange auch ungekühlt halten. Ich besorge mir daher im Bioladen jeweils gleich ein Kilogramm weißes Mandelmus und einen Liter Tamari, was dann für einige Wochen ausreicht.

Vegan unterwegs

Vegan unterwegs zu sein kann sich als Herkulesaufgabe herausstellen, obwohl sich das Angebot in Restaurants, Kantinen und Supermärkten rasant ausweitet. Für alle, die nicht hungern oder auf nicht-vegane Alternativen ausweichen möchten, hier ein paar Tipps. Besonders leckere Sandwiches lassen sich mit Tofu, unterschiedlichen Pestos und etwas frischem Gemüse zubereiten. Mein persönlicher Favorit: Räuchertofu guter Qualität in dünne Scheiben schneiden, in einer Pfanne in Öl beidseitig leicht anbraten und mit Basilikum- oder Tomatenpesto sowie etwas Salat, Gurken oder Karottenstreifen als exquisites Sandwich genießen. Wenn es schneller gehen soll, reicht es auch, einfach einen guten Räuchertofu roh in dünne Scheiben zu schneiden und mit Pesto nach Wahl zwischen zwei Brotscheiben zu packen. Diverse Tofu- und Aufschnittsorten sowie unzählige leckere vegane Brotaufstriche findet man übrigens in Bioläden. Worauf ich persönlich sehr gerne zurückgreife, sind Salate und Wraps. Ein lecker-leichter Brokkolisalat mit einer guten Scheibe Brot oder ein Coleslaw mit der perfekten veganen Mayonnaise lassen bereits kaum mehr Wünsche offen. Einen Wrap mit Resten vom Vorabend zu füllen ergibt einen simplen schmackhaften Lunch. Und auch die Chili-Wraps von Seite 62 eignen sich ideal für unterwegs.

Meine drei Wegweiser für die Küche

1. Go for bio! Biologische Produkte überzeugen nicht nur, was die Vorteile für die Umwelt und die Gesundheit angeht, sondern sie schmecken oftmals auch einfach besser. Besonders bei Gewürzen, frischem Gemüse, bei frischen Früchten, Nüssen, Ölen für die kalte Küche und bei Trockenfrüchten zeigen sich in der Regel große Qualitäts- und Geschmacksunterschiede zwischen bio und konventionell. Hier empfehle ich besonders, auf hochwertige biologische Produkte zu achten. Für mich ist klar: Bio und vegan gehören zusammen.

2. Gemüse und Früchte vor Gebrauch nicht schälen, sondern nur gründlich waschen. Schälen ist in den meisten Fällen nicht notwendig, es sei denn, es ist explizit angegeben. Gemüse nicht zu schälen, macht das Ganze nicht nur einfacher, sondern erhält auch die meisten Vitamine, da diese direkt unter der Schale stecken. Ausnahmen sind beispielsweise Bananen, Ingwer, Kohlrabi, Knoblauch, Knollensellerie, Zwiebeln sowie die meisten exotischen Früchte: Diese immer schälen!

3. Genaues Arbeiten lohnt sich! Besonders Neulinge der veganen Küche sollten sich zu Beginn möglichst genau an die Rezepte halten, bis sich ein Gefühl dafür entwickelt, was wie funktioniert, was wie gewürzt werden muss und wie die einzelnen Aromen miteinander harmonieren.

Bevor es losgeht

Optionale Zutaten sind empfehlenswert, aber nicht zwingend notwendig für ein leckeres Ergebnis.
Falls nichts anderes angegeben ist, gilt beim Backofen Backen auf der mittleren Schiene mit Ober- und Unterhitze.
Sämtliche Rezepte sind in der Regel für 2 Personen berechnet; sie lassen sich bei Bedarf aber problemlos auch in größerer Menge zubereiten.

Infos zu einigen wichtigen Zutaten

- **Helles Mehl** meint in der Schweiz Halbweiß- oder auch Weißmehl, in Deutschland Mehl Type 550 oder 720 und in Österreich Type W700.
- **Neutrales Pflanzenöl** meint Öl ohne Eigengeschmack. Ich bevorzuge konventionelles, nicht kalt gepresstes Sonnenblumenöl.
- **Reine Edelhefe** ist ein Naturprodukt, das den Speisen einen leckeren, käseartigen Geschmack verleiht. Wichtig: Es gibt im Handel auch Edelhefe oder Hefeflocken mit Zusätzen wie zum Beispiel Vollkornmehl. Von solchen Produkten rate ich ab, denn sie sehen in den Rezepten nicht nur unschön aus, auch der Geschmack ist unbefriedigend, und sie halten sich zudem weniger lange. Reine Edelhefe gibt es zum Beispiel von Dr. Ritter.
- **Gemahlene Bourbon-Vanille** ist ein tolles Produkt, um ganz einfach Vanilleschoten zu ersetzen. Solltet ihr dieses Produkt jedoch nicht finden, könnt ihr auch auf Vanilleschoten zurückgreifen. ½ TL gemahlene Vanille entspricht dem Mark einer Vanilleschote.
- **Sojamilch** zum pur Trinken ist Geschmackssache. Zum Kochen eignet sie sich aber ausgezeichnet, und vom »Karton«-Geschmack ist dann nichts mehr zu merken. Ersetzen lässt sie sich auch sehr gut durch Hafer-, Mandel- oder Cashewmilch. Von Reis- oder Dinkelmilch würde ich

abraten, da diese von den Eigenschaften her zu weit von Sojamilch entfernt sind.

- **Tamari** ist natürlich fermentierte Sojasauce, fast ausschließlich in Bioqualität erhältlich und eines meiner absoluten Lieblingsprodukte. Chemische Hilfsmittel, die bei konventioneller Sojasauce zum Einsatz kommen, um den Fermentierungsprozess massiv zu beschleunigen oder sogar ganz zu überspringen, werden in der Tamari-Herstellung nicht verwendet. Stattdessen läuft dieser Prozess auf natürliche Weise über mehrere Jahre in Holzfässern ab. Das daraus resultierende Ergebnis ist mit jenem des konventionellen »Bruders« kaum mehr zu vergleichen und dürfte so manchen Skeptiker überzeugen: weniger aggressiv und mit einem fantastischen Aroma. Tamari kann daher auch vielfältiger eingesetzt werden. Erhältlich ist Tamari vor allem in Bioläden und Reformhäusern.
- **Weißes Mandelmus** ist ein einzigartiges Produkt und ein »Must-have« meiner veganen Küche. Damit lassen sich so tolle Sachen wie Mandelmilch, »Rahm-/Sahne«-Saucen, eine perfekte Mayonnaise oder vielfältige Desserts zaubern. Mandelmus hält sich auch außerhalb des Kühlschranks länger als ein Jahr und kann so ganz leicht schneller verderbliche Produkte ersetzen – einfach toll.

Allergiker-Info

Soja- und glutenfreie Rezepte sind im Buch entsprechend gekennzeichnet. In vielen Rezepten lassen sich Produkte aus Soja und/oder Produkte mit Gluten aber auch ganz einfach ersetzen.

Für **glutenhaltige** Produkte gibt es im Bioladen eine große Auswahl an Alternativen von Brot über Mehl bis zu Pasta, und auch Supermärkte bieten vermehrt Alternativen an. Sojamilch lässt sich am besten durch Mandel- oder Cashewmilch ersetzen, ich würde nicht auf Dinkel- oder Reismilch zurückgreifen.

Mandelmilch ist im Bioladen erhältlich oder kann nach dem Rezept für Mandel- oder Cashewmilch auf Seite 164 selbst hergestellt werden. Tofu kann für Allergiker in den meisten Rezepten weggelassen werden. In manchen Rezepten eignet sich Seitan als Alternative, am besten einfach ausprobieren. Räuchertofu lässt sich kaum ersetzen, da es geschmacklich kein vergleichbares Produkt gibt.

Rezepte, die kein Gluten, kein Soja oder keinen Zucker enthalten, sind mit folgenden Symbolen gekennzeichnet:

 = glutenfrei

 = sojafrei

 = zuckerfrei (Kristallzucker)

Snacks,

Salate, Vorspeisen

Auberginenkaviar

500 g Auberginen
3 EL Olivenöl
1 Zwiebel, fein gehackt
1–2 Knoblauchzehen, fein gehackt
1 TL Weißweinessig
2 TL Zitronensaft
½ TL Kreuzkümmel
wenig frisch gehackte Petersilie
Salz, Pfeffer aus der Mühle

● Von den Auberginen den Stielansatz entfernen und die Früchte der Länge nach halbieren. Die Schnittfläche mit einem Messer mehrmals einstechen. Die Auberginen mit der Schnittfläche nach unten auf ein mit Backpapier ausgelegtes Blech legen. In den kalten Ofen schieben, diesen auf 180 Grad aufheizen und die Auberginen 50 Minuten backen.
● Die Auberginen kurz abkühlen lassen, dann das Fruchtfleisch mit einem Löffel aus der Schale kratzen und mit einem scharfen Messer klein schneiden. Die Hälfte der Schale ebenfalls klein hacken.
● 1 EL Olivenöl erhitzen, Zwiebel und Knoblauch 1–2 Minuten darin andünsten. Zusammen mit den restlichen Zutaten sowie den restlichen 2 EL Olivenöl zu den gehackten Auberginen geben und mischen. Kräftig mit Salz und Pfeffer abschmecken.

Tipps: Den Auberginenkaviar am besten etwas ziehen lassen. Nach Geschmack mit gehackten Kapern verfeinern.
Mit Toastbrot oder Crackern zum Aperitif, als Beilage oder pur genießen.

Blätterteigröllchen mit Cashew-Kräuter-Füllung »Feta-Style«

Ein toller Apéro- oder Partysnack!

Für etwa 18 Röllchen

130 g Cashewkerne
¾ TL Salz
1 TL getrockneter Oregano
1 TL getrockneter Thymian
4 TL Zitronensaft
1 Blätterteig (320 g, rechteckig ausgerollt, 42 x 26 cm)
Olivenöl

- Die Cashewkerne in der Küchenmaschine zu feinem Pulver mahlen. Mit dem Salz und den Kräutern mischen. Den Zitronensaft gründlich darunterkneten.
- Den Blätterteig auf der Arbeitsfläche ausbreiten. Die lange Seite des Teigs in sechs Streifen à 7 cm Breite schneiden und diese Streifen jeweils in drei gleich große Rechtecke teilen.
- Den Backofen auf 200 Grad vorheizen.
- Jeweils 1 TL der Cashewfüllung längs auf der einen Hälfte jedes Teigrechtecks bis zum Rand verteilen. Den Teig aufrollen, die Teiglängskante mit etwas Wasser befeuchten und fest drücken.
- Die Teigröllchen auf ein Backblech legen und mit Olivenöl bestreichen. Im vorgeheizten Ofen 20–23 Minuten backen.

Tipp: Den Blätterteig direkt aus dem Kühlschrank verarbeiten. Je länger er Zimmertemperatur annimmt, desto klebriger wird er und desto schwieriger ist er dann zu verarbeiten.

Club-Sandwich mit Tofurella und frischem Basilikumpesto

Für 2 Stück

100 g schnittfester Tofu
2 EL hochwertiges Olivenöl
4 EL Balsamicoessig
2 Prisen Salz
Pfeffer aus der Mühle
1 Baguette, Focaccia oder Ciabattabrot
1 Tomate, in Scheiben

PESTO:
20 g frisches Basilikum
40 g Cashewkerne
3 TL hochwertiges Olivenöl
Salz, Pfeffer aus der Mühle

- Den Tofu in Scheiben schneiden. Mit Olivenöl, Balsamico, Salz und Pfeffer mischen und mindestens 6 Stunden im Kühlschrank marinieren lassen, dabei zwischendurch wenden.
- Für den Pesto das Basilikum waschen, trocken schütteln und die Blättchen abzupfen. Basilikumblätter, Cashewkerne und Olivenöl in einem Mörser gründlich zu einem Pesto verarbeiten. Mit Salz und frisch gemahlenem Pfeffer abschmecken. Statt im Mörser kann der Pesto auch im Mixer hergestellt werden.
- Das Brot quer aufschneiden. Beide Hälften großzügig mit Pesto bestreichen. Den Tofu darauflegen und mit Tomatenscheiben belegen.

Tipps: Den Tofu kann man auch länger im Voraus vorbereiten. In der Marinade hält er sich gut eine Woche.
Auf die gleiche Art kann man für Apéro-Häppchen auch kleine Brotscheiben belegen.

Curry-Reissalat mit Früchten und gebratenem Tofu

Ein absoluter Sommer-Hit! Passt zu jeder Grillparty.

Für 2 Portionen

180 g Langkornreis (Parboiled)
2–3 EL Öl
150 g schnittfester Tofu, in 1 cm große Würfel geschnitten
2 reife Bananen, in Scheiben geschnitten
200–250 g reife Pfirsiche oder Nektarinen, gewürfelt
100 g Mayonnaise (siehe Seite 163)
1 TL Senf (ohne Körner)
2 EL Weißweinessig
1 EL Balsamicoessig
1 EL Zitronensaft
4 EL Hafer-, Dinkel- oder Reismilch
Salz
2 EL mildes Currypulver
etwas frisch gehackte Petersilie
nach Belieben Cherrytomaten, halbiert

- Den Reis mit 275 ml Wasser aufkochen und zugedeckt auf kleiner Stufe garen, bis der Reis das gesamte Wasser aufgesogen hat.
- Das Öl in einer beschichteten Bratpfanne erhitzen und die Tofuwürfel darin 3–5 Minuten rundherum gut anbraten. Die Bananenscheiben zugeben und 2 Minuten mitbraten.
- In einer Schüssel den Inhalt der Pfanne mit den Pfirsichen oder Nektarinen, Mayonnaise, Senf, den beiden Essigsorten, Zitronensaft, der Hafer-, Dinkel- oder Reismilch sowie dem gegarten Reis vermengen und mit Salz und Currypulver abschmecken. Abkühlen lassen und mit frisch gehackter Petersilie und nach Belieben mit halbierten Cherrytomaten garnieren.

Tipps: Damit der Salat sein volles Aroma entfalten kann, ist es wichtig, reife Bananen zu verwenden, die bereits durch die Schale hindurch duften. Braune Flecken sind kein schlechtes Zeichen. Ich kaufe Bananen jeweils einige Tage im Voraus und lasse sie zu Hause nachreifen.
Außerhalb der Saison eignen sich anstelle von Pfirsichen oder Nektarinen auch Orangen. Alternativ können auch Pfirsiche aus der Dose verwendet werden.

Curry-Reissalat mit Früchten und gebratenem Tofu, Seite 23

Rote-Bete-Tzatziki mit frischer Minze

Eine mitteleuropäische Abwandlung des klassischen griechischen Tzatzikis. Passt herrlich zu Falafel, zu Grilladen oder aufs Brot.

300 g Rote Beten (Randen)
400 g Seidentofu
50 ml Zitronensaft (4–5 EL)
2 Knoblauchzehen, geschält
2 EL Olivenöl
2–3 Zweige frische Pfefferminze, fein gehackt
1 TL Salz
Pfeffer aus der Mühle

- Die Roten Beten schälen und fein raspeln.
- Den Seidentofu zusammen mit Zitronensaft, Knoblauch und Olivenöl mit dem Stabmixer zu einer cremigen Masse pürieren.
- Das Tzatziki mit Pfefferminze, Salz und Pfeffer abschmecken. Mit den geraspelten Roten Beten mischen und mindestens 1 Stunde im Kühlschrank ziehen lassen.

Marokkanischer Tomaten-Gurken-Salat mit frischer Pfefferminze

Für 2–3 Portionen

375 g Tomaten, gewürfelt
¾ Salatgurke, gewürfelt
Salz
2½ EL Zitronensaft
¾ TL gemahlener Kreuzkümmel
2–3 Prisen Zucker
3 EL Olivenöl
Pfeffer aus der Mühle
nach Belieben 6–8 schwarze Oliven
3–4 Zweige frische Pfefferminze, gehackt

- Die Tomaten- und die Gurkenwürfel miteinander vermengen. Kräftig salzen und 20–30 Minuten ziehen lassen. Das entstandene Wasser vollständig abgießen.
- Für das Dressing Zitronensaft, Kreuzkümmel, Zucker, Olivenöl und Pfeffer gründlich verrühren.
- Das Dressing, die frisch gehackte Pfefferminze und nach Belieben die Oliven kurz vor dem Servieren zu den Tomaten- und Gurkenwürfeln geben und alles gut miteinander vermischen. Mit Salz abschmecken und servieren.

Tipp: Dazu passen frisches Fladenbrot und Tzatziki.

Paprikasalat mit Datteln

Für 2 Portionen

3 rote oder gelbe Paprikaschoten (Peperoni)
5 Datteln (Deglet Nour)
3–4 EL Olivenöl
2 EL Orangensaft
Salz, Pfeffer aus der Mühle
nach Belieben gesalzene und geröstete Erdnüsse

- Die Paprikaschoten putzen, entkernen, waschen und in Streifen schneiden. Die Datteln entsteinen und klein hacken.
- Paprika und Datteln kurz vor dem Servieren mit Olivenöl und Orangensaft mischen, mit Salz und Pfeffer abschmecken und nach Belieben mit Erdnüssen bestreut anrichten.

Brokkolisalat

500 g Brokkoli
3 TL Senf (ohne Körner)
4–5 EL Weißweinessig
2–3 EL neutrales Pflanzenöl
1 EL Wasser
1 große Knoblauchzehe, gepresst
1 kleine Zwiebel, fein gehackt
1 EL Zitronensaft
frisch gehackte Petersilie
Salz, Pfeffer aus der Mühle

- Den Brokkoli putzen, waschen und in mundgerechte Stücke schneiden. Im Steamer oder in einem Topf mit etwas Wasser 5–15 Minuten dämpfen. Dann abgießen und abtropfen lassen.
- Für das Dressing die restlichen Zutaten in einer Schüssel mischen. Den noch warmen Brokkoli zugeben und untermischen. Etwas ziehen lassen und mit Salz und Pfeffer abschmecken.

Brokkolisalat, Seite 28

»Schinkengipfeli«

Der Party- und Apéro-Klassiker schlechthin!
Bestechend lecker auch in vegan.

Für 12 Stück

1 Blätterteig (320 g, rechteckig ausgerollt, 42 x 26 cm)

Füllung:
160 g guter Räuchertofu
3 EL neutrales Pflanzenöl
1½ Zwiebeln, fein gehackt
½ TL Senf
1 TL weißes Mandelmus
4 EL Wasser
1 TL Zitronensaft
1 guter EL frisch gehackte Petersilie
Salz, Pfeffer aus der Mühle

- Den Blätterteig auf der Arbeitsfläche auslegen.
- Für die Füllung den Räuchertofu fein würfeln. Das Öl in einer Bratpfanne erhitzen und die Tofuwürfel darin auf mittlerer bis hoher Stufe 3–4 Minuten anbraten. Die Zwiebeln zugeben und 2 Minuten mitdünsten. Anschließend die restlichen Zutaten zugeben, gut untermischen und kurz mitgaren lassen. Salzen.
- Den Backofen auf 190 Grad vorheizen
- Den Blätterteig der Länge nach halbieren und dann der Breite nach dritteln, sodass sechs Rechtecke à 14 x 13 cm entstehen. Die Rechtecke zu je zwei Dreiecken halbieren.
- Die Füllung 1 cm von der langen Kante entfernt gleichmäßig auf den Teigdreiecken verteilen und die Dreiecke dann von der langen Seite her zur Spitze aufrollen und zu Gipfeln formen. Mit einem spitzen Messer mehrmals einstechen.
- Die Gipfel auf ein mit Backpapier ausgelegtes Backblech geben und im vorgeheizten Ofen 12–15 Minuten backen. Warm oder kalt genießen.

Tipp: Noch unkomplizierter geht's, wenn man einfach Röllchen formt. Dazu die sechs Rechtecke nicht zu zwei Dreiecken, sondern je nochmals zu zwei Rechtecken halbieren, sodass am Ende zwölf Rechtecke von 7 x 13 cm vorhanden sind.

Aromatischer Riesenbohnen-Dip

Eine schnelle und sehr schmackhafte Beilage zu vielen Gerichten oder als Dip. Außerdem eine gute Abwechslung zum klassischen Hummus.

400 g weiße Bohnen (»Bianchi di Spagna«) aus der Dose, abgetropft
1 EL Tomatenmark
½ TL edelsüßes Paprikapulver
1 EL Zitronensaft
1 EL Olivenöl
1 Knoblauchzehe, gehackt
1 TL getrockneter Oregano
⅓ TL Salz

- Alle Zutaten außer dem Salz in eine hohe Rührschüssel geben und mit dem Stabmixer gut pürieren. Zum Schluss mit dem Salz abschmecken und servieren.

Rote-Linsen-Salat

250 g rote Linsen
400 ml Wasser
80 g Karotten, fein gewürfelt
175 g Tomaten, gehackt
2 Frühlings- oder Bundzwiebeln, gehackt
1 Knoblauchzehe, gepresst
⅓ TL Nelkenpulver
2 EL Zitronensaft
5–7 EL (Kräuter-)Weißweinessig
2 EL Olivenöl
1 EL Senf (ohne Körner)
ca. ⅓ TL Salz

- Die Linsen im Wasser aufkochen. Auf kleiner Stufe 10–15 Minuten zugedeckt kochen, bis das Wasser aufgesogen ist und die Linsen noch etwas Biss haben. Eventuell noch wenig Wasser zugeben.
- Die Linsen abkühlen lassen und die restlichen Zutaten bis auf das Salz zugeben. Alles gut miteinander vermischen. Zum Schluss mit dem Salz abschmecken.

Kalte Erbsensuppe mit Schnittlauch

Für 2 Portionen oder als Vorspeise
für 4 Portionen

1 EL neutrales Pflanzenöl
1 Zwiebel, gehackt
500 g tiefgekühlte grüne Erbsen
1½ TL Gemüsebouillonpulver
200 ml Wasser
1 Bund Schnittlauch
1½ EL Zitronensaft
Salz

- Das Öl erhitzen und die Zwiebel darin glasig dünsten. Die Erbsen, das Bouillonpulver und das Wasser zugeben und alles zugedeckt 10 Minuten kochen. Den Deckel abnehmen und die Suppe abkühlen lassen.
- Alles zusammen mit dem Schnittlauch und dem Zitronensaft in ein hohes Gefäß geben und 2–3 Minuten gründlich pürieren. Mit Salz oder nochmals etwas Gemüsebouillonpulver abschmecken.

Tipp: Beim Anrichten mit etwas Kokosmilch verfeinern. Im Winter auch warm ein Genuss, einfach nach dem Pürieren nochmals aufwärmen.

Pizzabrot

Für 1 Brot à 350 g

½ Hefewürfel (21 g)
1 TL Zucker
125 ml lauwarmes Wasser
250 g helles Mehl
1 gestrichener TL Salz
1 TL getrocknetes Basilikum
1 TL getrockneter Oregano
5–7 getrocknete Tomaten, gehackt
1 EL Olivenöl
nach Belieben 10 Oliven, gehackt

- Die Hefe mit dem Zucker im lauwarmen Wasser vollständig auflösen.
- Das Mehl mit dem Salz in einer Schüssel mischen. Die aufgelöste Hefe zugeben und alles 5–10 Minuten beidhändig kräftig durchkneten, sodass ein glatter Teig entsteht.
- Den Teig in eine Schüssel geben. Die Schüssel mit einem Tuch abdecken und den Teig etwa 90 Minuten gehen lassen.
- Die Kräuter, die gehackten Tomaten, das Olivenöl und nach Belieben die gehackten Oliven zum Teig geben und alles nochmals kräftig durchkneten. Den Teig in die gewünschte Form bringen und auf ein Backblech legen.
- Das Blech in den kalten Ofen stellen und das Brot bei 200 Grad 30–35 Minuten backen.

Meerrettichmousse

Eine herrliche Beilage zu vielen Gerichten oder als Dip zu Gemüse und Chips. Probiert das Rezept zum Beispiel mit den Spinatknödeln (Seite 120).

Für 2–4 Portionen

60 g frischer Meerrettich
200 ml veganer Schlagrahm (Schlagsahne, z. B. Natumi)
1 Päckchen Rahmhalter (Sahnesteif)
2 TL Zitronensaft
1 gestrichener TL Salz
½ TL Zucker
wenig Pfeffer aus der Mühle

- Den Meerrettich schälen und ganz fein raspeln. Den Sojarahm mit dem Handrührgerät aufschlagen. Den Rahmhalter einrieseln lassen und den Schlagrahm nochmals 1 Minute schlagen.
- Den Meerrettich und die restlichen Zutaten zum Schlagrahm geben und unterheben. Die Mousse mindestens 90 Minuten im Kühlschrank ziehen lassen. Sie hält sich im Kühlschrank 4–6 Tage.

Hinweis: Schlagrahm ist manchmal bereits gesüßt. Dieser eignet sich problemlos ebenfalls, dann einfach den zusätzlichen Zucker im Rezept weglassen.

Gourmet-Tofuwürfel 2.0 »Indian Style«

Der Klassiker aus »Junge Vegane Küche« in einer neuen Variante.
Köstlich zu Salat, als Apérohäppchen oder in Sandwiches.

Marinade:
1 Knoblauchzehe, gepresst
2 EL neutrales Pflanzenöl
1 EL Wasser
2 EL Weißweinessig
1 EL weißes Mandelmus
2 TL mildes Currypulver
½ TL gemahlener Kreuzkümmel
½ TL gemahlener Koriander
¼ TL Salz

Tofuwürfel:
200 g schnittfester Tofu
1 EL Zitronensaft
1 Knoblauchzehe, geviertelt
300 ml Wasser
1 TL Salz

- Für die Marinade alle Zutaten in eine Schüssel geben und gut verrühren.
- Für die Tofuwürfel den Tofu in 1½ cm breite Würfel schneiden. Mit dem Zitronensaft, der Knoblauchzehe, Wasser und Salz in einer Pfanne zum Kochen bringen. Die Hitze etwas reduzieren und alles 5 Minuten kochen.
- Die Tofuwürfel abtropfen lassen, zur Marinade geben und vorsichtig untermischen. Die Tofuwürfel mindestens 1 Tag im Kühlschrank ziehen lassen und gelegentlich umrühren.

Gourmet-Tofuwürfel 2.0 »Indian Style«, Seite 39

Mediterrane Polenta-Mini-Muffins

Diese Muffins sind ein absoluter Party- und Apéro-Hit.

1 Zwiebel, fein gehackt
1 Knoblauchzehe, fein gehackt
2 EL Olivenöl
2 EL Tomatenmark
120 g grobe Polenta (Bramata)
350 ml Wasser
8–10 getrocknete Tomaten, fein gehackt
1 gelbe oder rote Paprikaschote (Peperoni), fein gehackt
2 EL frisch gehackte Petersilie
1 TL guter Balsamicoessig
Salz
2 gestrichene EL helles Mehl
1 TL Backpulver

- Die Zwiebel, den Knoblauch und das Öl in einer beschichteten Pfanne erhitzen und etwa 2 Minuten dünsten. Das Tomatenmark zugeben, unterrühren und 2–3 Minuten mitbraten.
- Dann Polenta, Wasser, getrocknete Tomaten, gehackte Paprikaschote, Petersilie und Balsamico beifügen. Unter ständigem Rühren kochen, bis alles Wasser aufgesogen ist (ca. 10 Minuten). Salzen und kurz abkühlen lassen.
- Den Backofen auf 200 Grad vorheizen.
- Das Mehl und das Backpulver zum Teig hinzufügen und gut untermischen. Die Masse in die Mulden eines Mini-Muffinblechs geben und im vorgeheizten Ofen 20–22 Minuten backen.

Tipp: Größere Muffins etwas länger backen.

Philips Cocktailsauce

Ideal mit Gemüsestäbchen oder Chips
zum Apéro oder klassisch zu Pommes, Falafel
oder (veganem) Döner.

100 g Mayonnaise (siehe Seite 163)
1–2 EL Wasser
15 g Tomatenmark
25 g Ketchup
½ Knoblauchzehe, gepresst
1 TL Zitronensaft
½ TL Zucker
¾ TL Paprikapulver, mild oder scharf
¼ TL Salz
je 1 Msp. gemahlener Koriander, gemahlener Kreuzkümmel, gemahlener Zimt und Chilipulver
1 TL frischer oder ½ TL getrockneter Dill

● Alle Zutaten in eine Schüssel geben und gut vermischen. Wenn möglich, vor dem Servieren etwas ziehen lassen.

Zwiebelmett »plus«

Ergibt etwa 400 g

100 g Reiswaffeln
350 ml lauwarmes Wasser
80 g Tomatenmark
2 Zwiebeln, fein gehackt
1 TL Senf (ohne Körner)
1 TL edelsüßes Paprikapulver
1 Knoblauchzehe, gepresst
nach Belieben Sambal Oelek
2 TL Kapern, fein gehackt
1 TL Zitronensaft
1 TL Salz
Pfeffer aus der Mühle

● Die Reiswaffeln von Hand fein zerbröseln. Das lauwarme Wasser zugeben und die Reiswaffelbrösel kurz durchkneten.
● Anschließend die restlichen Zutaten zufügen und alles richtig gut durchkneten, sodass eine homogene Masse entsteht. Über Nacht im Kühlschrank ziehen lassen. Im Kühlschrank 4–7 Tage haltbar.

Tipp: Das Zwiebelmett ist ein idealer Brötchenaufstrich.

Vielfältiges Gemüse

Asiatisches Pfannengemüse

Für 2 Portionen

200 g Karotten
150 g Champignons
200 g Brokkoli oder Fenchel
1 Lauchstange samt Grün, in Ringe geschnitten
Öl zum Braten
1–2 Knoblauchzehen, gepresst
150 g tiefgekühlte grüne Bohnen
1 TL Ingwerpulver
1 TL Sambal Oelek
5 EL Tamari (Bio-Sojasauce)
100 ml Wasser

● Die Karotten ungeschält in Scheiben oder Stäbchen schneiden. Die Champignons feucht abreiben und je nach Größe halbieren oder vierteln. Den Brokkoli oder Fenchel putzen, waschen und in mundgerechte Stücke schneiden.
● Den Lauch in einer Pfanne in etwas Öl andünsten. Karotten, Champignons und Brokkoli oder Fenchel zusammen mit den restlichen Zutaten beifügen und nicht ganz zugedeckt kochen, bis das Gemüse gar ist. Dazu passt Basmatireis.

Birnel-Brokkoli mit Sesam

1 EL Sesamsamen
1 EL neutrales Pflanzenöl
500 g Brokkoli, in mundgerechten Stücken
1½ EL Birnendicksaft (Birnel)
2 EL Tamari (Bio-Sojasauce)

- Die Sesamsamen ohne Öl zugedeckt unter gelegentlichem Rühren in einer Bratpfanne rösten. Beiseitestellen.
- Das Öl in der Pfanne erhitzen. Den Brokkoli zugeben und nicht ganz zugedeckt auf mittlerer bis hoher Stufe braten, bis er gar ist. Er darf dabei ruhig etwas goldbraun anbraten.
- Den Birnendicksaft gut mit dem Tamari vermischen und zusammen mit den gerösteten Sesamsamen zum Brokkoli geben. Alles gut mischen und noch 1–2 Minuten braten.

Glasiertes Fenchel-Karotten-Gemüse; Seite 52

Glasiertes Fenchel-Karotten-Gemüse

2 EL neutrales Pflanzenöl
300 g Karotten, in Streifen geschnitten
300 g Fenchel, in Streifen oder Stücken
1 EL Vollrohrzucker
3 EL Balsamicoessig
Salz, Pfeffer aus der Mühle

- Das Öl in einer Bratpfanne erhitzen. Das vorbereitete Gemüse zugeben und auf mittlerer bis hoher Stufe ohne Deckel 8–10 Minuten unter gelegentlichem Rühren braten. Falls nötig noch etwas Öl nachgeben.
- Den Zucker und den Balsamico zugeben und zugedeckt noch 3–6 Minuten garen, bis die gewünschte Bissfestigkeit erreicht ist. Mit Salz und frisch gemahlenem Pfeffer abschmecken.

Indisches Blumenkohl-Bohnen-Gemüse

Für 2 Portionen

2 TL Ingwerpulver
1 TL gemahlener Kreuzkümmel
1 TL gemahlener Koriander
nach Belieben Chilipulver
1 EL neutrales Pflanzenöl
400–500 g Blumenkohl
350 g tiefgekühlte grüne Bohnen
400 g geschälte Tomaten aus der Dose
Salz

- In einer beschichteten Pfanne die Gewürze und das Öl mischen und erhitzen. 2–3 Minuten rösten.
- Den Blumenkohl putzen, waschen und in Röschen teilen. Blumenkohl, Bohnen und Tomaten zu den Gewürzen geben und zugedeckt kochen, bis die gewünschte Bissfestigkeit erreicht ist. Mit Salz abschmecken.

Leichtes Kohlrabigemüse mit frischen Kräutern und Sour Cream

Für 2 Portionen

2 Kohlrabi
1–2 Zwiebeln, gehackt
2 EL neutrales Pflanzenöl
100 ml Weißwein
50 ml Wasser
1 TL Gemüsebouillonpulver
frische Petersilie
frischer Schnittlauch
2 TL guter Balsamicoessig
Salz, Pfeffer aus der Mühle
½ Portion Sour Cream (siehe Seite 162)

- Die Kohlrabi schälen und in Stifte schneiden. Die Zwiebeln im Öl glasig dünsten. Mit dem Weißwein ablöschen und die Flüssigkeit kurz einkochen lassen.
- Das Wasser, das Gemüsebouillonpulver und die Kohlrabistifte zugeben und zugedeckt 15–20 Minuten köcheln.
- Die Petersilie und den Schnittlauch waschen, trocken schütteln und fein hacken. Zugeben und kurz mitkochen lassen. Den Balsamico zugeben und alles mit Salz und Pfeffer abschmecken.
- Das Gemüse mit der Sour Cream servieren.

Mandel-Rahmspinat

Für 2 Portionen

1 mittelgroße Zwiebel, fein gehackt
1–2 EL neutrales Pflanzenöl
500 g tiefgekühlter Blattspinat, aufgetaut
50 ml Weißwein
150 ml Wasser
2–3 EL weißes Mandelmus
Salz, Pfeffer aus der Mühle
1 Spritzer Zitronensaft

● Die Zwiebel in dem Öl glasig dünsten. Das Auftauwasser des Spinats abgießen, den Spinat aber nicht ausdrücken. Zu der Zwiebel geben und etwa 5 Minuten dünsten.

● Den Wein, das Wasser und das Mandelmus zugeben, untermischen und alles 3–5 Minuten ohne Deckel kochen. Ordentlich salzen und mit Pfeffer und Zitronensaft abschmecken.

Tipp: Weißwein lässt sich – wie Wein allgemein – sehr gut einfrieren. So hat man immer die passende Menge zur Hand.

Hauptgerichte

Tofu-Stroganoff

Für 2 Portionen

300 g schnittfester Tofu, gewürfelt
neutrales Pflanzenöl
1 Zwiebel, fein gehackt
150 g Champignons, in Scheiben geschnitten
350 g rote und gelbe Paprikaschoten (Peperoni), in Streifen geschnitten
200 ml Wasser
2 Essiggurken, in Streifen geschnitten
1 TL edelsüßes Paprikapulver
1 EL Tamari
4 TL Cashewmus (alternativ Mandelmus)
100 ml Rotwein
1 EL Zitronensaft
nach Belieben 2 EL Cognac
2 EL frisch gehackte Petersilie
Salz, Pfeffer aus der Mühle

- Die Tofuwürfel in einer Bratpfanne in 3 EL Öl etwa 5 Minuten unter Rühren scharf anbraten. Beiseitestellen.
- Die Zwiebel in einer zweiten Bratpfanne in etwas Öl glasig dünsten. Die Pilze und die Paprikastreifen zugeben und 2–3 Minuten ohne Deckel dünsten. Das Wasser zugeben und 5 Minuten köcheln.
- Die Tofuwürfel zusammen mit den restlichen Zutaten bis auf Salz und Pfeffer zugeben. Alles ohne Deckel 5 Minuten einkochen lassen, sodass die Sauce schön cremig wird. Eventuell noch etwas Cashewmus zugeben. Mit Salz und frisch gemahlenem Pfeffer würzen. Dazu passen Tagliatelle.

Vegi-Chili-Wraps mit Avocadocreme

Für 2–3 Portionen

Chili:
200 g schnittfester Tofu
3 EL neutrales Pflanzenöl
1 große Zwiebel, fein gehackt
nach Belieben 1 Knoblauchzehe, fein gehackt
150 g Tomatenmark
190 g Kidneybohnen aus der Dose
140 g Maiskörner aus der Dose
400 g passierte Tomaten
½ TL gemahlener Kreuzkümmel
1 TL Gemüsebouillonpulver
nach Belieben Chilipulver
Salz, Pfeffer aus der Mühle

Avocadocreme:
1 genussreife Avocado
200 g Seidentofu
1–2 EL Zitronensaft
Salz, Pfeffer aus der Mühle

Außerdem:
Tortilla-Wraps

● Für das Chili den Tofu mit den Fingern fein zerbröseln. Das Öl erhitzen und den Tofu 4–5 Minuten darin anbraten. Die Zwiebel und nach Belieben den Knoblauch zugeben und 2 Minuten mitbraten. Das Tomatenmark zugeben, gut untermischen und unter gelegentlichem Rühren ebenfalls 2 Minuten mitbraten. Die restlichen Zutaten bis auf Salz und Pfeffer zugeben und nur noch kurz erwärmen. Zum Schluss mit Salz und Pfeffer abschmecken.

● Für die Avocadocreme die Avocado halbieren, den Kern entfernen und mit einem Löffel das Fruchtfleisch aus der Schale kratzen. Avocado, Seidentofu und Zitronensaft mit dem Stabmixer zu einer glatten Creme mixen. Mit Salz und Pfeffer abschmecken.

● Die Tortilla-Wraps mit dem Chili und der Avocadocreme füllen und servieren.

Tipp: Falls kein Seidentofu erhältlich ist, passt zum Chili auch sehr gut eine einfache Guacamole. Mein Lieblingsrezept dazu findet ihr in meinem ersten Buch »Junge Vegane Küche«.

Baked Potatoes mit Kräuter-Sour-Cream

Für 2 Portionen

Baked Potatoes:
4–5 große mehlig kochende Kartoffeln
nach Belieben 1–2 Knoblauchzehen, in Scheiben geschnitten
nach Belieben frischer oder getrockneter Rosmarin
Olivenöl

Kräuter-Sour-Cream:
Sour Cream (siehe Seite 162)
1–1½ Bund Schnittlauch, fein gehackt
2 Handvoll Petersilie, fein gehackt
1 Knoblauchzehe, gepresst
ca. ½ TL Salz

● Die Kartoffeln gründlich waschen. Im Ofen bei 200 Grad etwa 75 Minuten backen. Nach 45 Minuten Backzeit die Kartoffeln sowohl der Länge wie auch der Breite nach bis zur Hälfte einschneiden. Nach Belieben Knoblauchscheiben und Rosmarin in die Einschnitte stecken. Etwas Olivenöl in die Mitte des Kreuzes gießen und die Kartoffeln fertig backen.
● Die Sour Cream mit den Kräutern und dem Knoblauch verrühren und mit Salz abschmecken.

Tipp: Die Kartoffeln lassen sich auch bestens in Alufolie gewickelt auf dem Grill zubereiten.

Couscous-Buletten

Für 2 Portionen

250 g Couscous
250 ml kochend heißes Wasser
8–10 getrocknete Tomaten, fein gehackt
1 Knoblauchzehe, gepresst
1 mittelgroße Zwiebel, fein gehackt
1 TL Salz
½ EL Paprikapulver
1 EL Tomatenmark
1 EL Maisstärke
nach Belieben ca. 8 schwarze Oliven, fein gehackt
Olivenöl

- Den Couscous in einer großen Schüssel mit dem kochend heißen Wasser übergießen und zugedeckt 10–15 Minuten quellen lassen.
- Die restlichen Zutaten außer dem Olivenöl zugeben und alles 2–3 Minuten kräftig mit beiden Händen kneten. Aus der Masse Buletten formen und diese in einer Bratpfanne in ausreichend Olivenöl von beiden Seiten goldbraun braten.
- Dazu passt ein leckerer leichter Salat.

Cashew-Gemüse-Curry, Seite 69

Cashew-Gemüse-Curry

Für 2 Portionen

2–3 EL neutrales Pflanzenöl
3 Zwiebeln, in Streifen geschnitten
70 g Cashewkerne
¼ TL gemahlener Kreuzkümmel
1 TL Currypulver (mild oder scharf)
¼ TL Senf (ohne Körner)
200 ml Kokosmilch
250–300 g Zucchini, in grobe Stücke geschnitten
200 g Tomaten, in grobe Stücke geschnitten
Salz

- Das Pflanzenöl in einer beschichteten Pfanne erhitzen und die Zwiebeln darin 4–5 Minuten braten. Die Cashewkerne zugeben und etwa 3 Minuten mitbraten, bis auch sie gut angebraten und goldbraun sind.
- Die restlichen Zutaten zugeben und bei mittlerer Hitze und mit halb offenem Deckel kochen, bis das Gemüse weich ist. Mit ausreichend Salz abschmecken.
- Das Curry mit frischem (Fladen-)Brot oder Reis servieren.

Gemüseburger

Für 2 Portionen

Neutrales Pflanzenöl
150 g Zwiebeln, fein gehackt
150 g tiefgekühlte grüne Erbsen
150 g Karotten, geraspelt
45 g Haferflocken
30 g Mehl
1½ EL Maisstärke
1½ TL Gemüsebouillonpulver
1 Prise Salz

- Etwas Öl erhitzen und die Zwiebeln darin glasig dünsten. Erbsen und Karotten zugeben und 3 Minuten ohne Deckel dünsten.
- Kurz abkühlen lassen und noch möglichst warm mit Haferflocken, Mehl, Maisstärke, Gemüsebouillonpulver und 1 EL Öl kräftig kneten. Mit Salz abschmecken. Mit den Händen eher kleine Burger formen und in heißem Öl auf mittlerer Stufe 2–4 Minuten von jeder Seite braten.
- Dazu passen ein frischer grüner Salat und »Philips Cocktailsauce« (siehe Seite 42).

»Capuns«-Auflauf mit Mangold und Kartoffeln

Für 2 Portionen

100 g guter Räuchertofu, fein gewürfelt
2–3 EL neutrales Pflanzenöl
1 Zwiebel, fein gehackt
250 ml Wasser
3 EL weißes Mandelmus
½ TL Senf
1 Knoblauchzehe, gepresst
40 g reine Edelhefe (z. B. Dr. Ritter)
½ TL Salz
Pfeffer aus der Mühle
300 g Mangold samt Grün, in Streifen geschnitten
300 g Kartoffeln, gewürfelt

- Den Räuchertofu im heißen Öl 5 Minuten bei mittlerer bis hoher Stufe braten. Die Zwiebel zugeben und 2 Minuten mitbraten. Wasser, Mandelmus, Senf, Knoblauch, Edelhefe, Salz und etwas frisch gemahlenen Pfeffer zugeben und 2–3 Minuten ohne Deckel zu einer cremigen Sauce einkochen.
- Die Tofumischung in einer großen Schüssel mit dem Mangold und den Kartoffeln mischen. Anschließend in eine Gratinform geben.
- Die Gratinform in den kalten Ofen stellen und den Auflauf bei 200 Grad 45–65 Minuten backen.

Kartoffelgulasch mit Paprika und Pilzen

Für 2 Portionen

2 große Zwiebeln, grob gehackt
neutrales Pflanzenöl
1 EL Tomatenmark
100 ml Rotwein
600 g Kartoffeln, in mundgerechte Stücke geschnitten
300 ml Wasser
1 EL Balsamicoessig
5 Wacholderbeeren
2 Lorbeerblätter
2 EL edelsüßes Paprikapulver
2 Knoblauchzehen, gepresst
2 TL Gemüsebouillonpulver
250 g kleine oder halbierte Champignons
2 rote Paprikaschoten (Peperoni), in mundgerechte Stücke geschnitten
Salz, Pfeffer aus der Mühle

● Die Zwiebel in etwas Öl goldbraun anbraten. Das Tomatenmark zugeben und 1–2 Minuten mitbraten. Mit dem Rotwein ablöschen und alles 2–3 Minuten einkochen lassen.
● Die Kartoffeln, das Wasser, den Balsamico, die Gewürze, den Knoblauch und das Bouillonpulver zugeben und so lange kochen, bis die Kartoffeln weich sind.
● Die Pilze und die Paprikastücke separat in einer Bratpfanne in etwas Öl 5–10 Minuten ohne Deckel braten, bis die Paprika weich sind. Zu den Kartoffeln geben und alles einmal kurz aufkochen. Mit Salz und ausreichend Pfeffer abschmecken. Dazu passt frisches Brot.

Gefüllte Wirzrouladen an Champignon-»Rahmsauce«

Für 2–3 Portionen

Gefüllte Wirzblätter:
Salz
1 großer Wirz (Wirsing)
150 g Basmatireis
250 ml Wasser
50 g Mandelstifte
1 EL Birnendicksaft (Birnel; alternativ Ahornsirup)
¼ TL gemahlener Zimt
nach Belieben 1 EL Sultaninen
Pfeffer aus der Mühle
Olivenöl

Champignon-Rahmsauce:
1 kleine oder ½ Zwiebel, fein gehackt
1 EL neutrales Pflanzenöl
200 g weiße Champignons, in dünne Scheiben geschnitten
75 ml Weißwein
150 ml Wasser
3–4 EL weißes Mandelmus
¾ TL Gemüsebouillonpulver
½ EL Zitronensaft
Salz, Pfeffer aus der Mühle

- Einen großen Topf Salzwasser erhitzen und den Wirz darin im Ganzen 5–7 Minuten blanchieren, dann herausnehmen, abtropfen und abkühlen lassen.
- Den Basmatireis mit dem Wasser und ½ TL Salz erhitzen und auf kleiner Stufe zugedeckt, ohne zu rühren, kochen, bis alles Wasser aufgesogen ist.
- Die Mandelstifte in einer beschichteten Pfanne ohne Zugabe von Öl auf mittlerer bis hoher Stufe unter Rühren rundum goldbraun rösten. Den Birnendicksaft zugeben und nur noch wenige Sekunden braten. Vom Herd nehmen, mit dem Reis, dem Zimt und nach Belieben den Sultaninen mischen. Mit Salz und Pfeffer abschmecken.
- Für die Sauce die Zwiebel im Öl glasig dünsten. Die Pilze zugeben und 7 Minuten ohne Deckel auf mittlerer Stufe dünsten. Mit dem Weißwein ablöschen und 2 Minuten ohne Deckel einkochen. Wasser, Mandelmus, Gemüsebouillonpulver und Zitronensaft zugeben und alles 5 Minuten zu einer cremigen Sauce einkochen. Mit Salz und Pfeffer abschmecken.
- Die äußeren 8–10 Blätter vom Kohl ablösen und jeweils die unteren 1–2 Zentimeter vom Strunk abschneiden. Jeweils 1–2 EL der Reismischung im oberen Drittel des Blattes (nicht beim Strunk) platzieren. Das Blatt zuerst von oben, dann von den Seiten her einschlagen und zum Schluss das Ende mit dem Strunk darüberfalten. Mit der Nahtseite nach unten auf einem Teller beiseitestellen. Auf diese Art acht Rouladen formen. Den übrigen Reis beiseitestellen.
- Die Rouladen in heißem Olivenöl bei mittlerer bis hoher Stufe von jeder Seite 2–4 Minuten braten und mit dem restlichen Reis und der Sauce servieren.

Tipp: Wenn die äußersten 2–4 Blätter sehr dünn sind, diese in doppelter Lage übereinanderlegen und zu einer Roulade formen.

Pfannkuchen-Festival

Für 2–3 Portionen

Pfannkuchen (2–4 Stück):
300 ml Sojamilch
125 g helles Mehl
1 TL Zitronensaft oder Weißweinessig
2 EL neutrales Pflanzenöl
1 Prise Salz
Öl zum Braten

Füllungen:
½ Portion Champignon-»Rahmsauce« (siehe Seite 75)
½ Portion Mandel-»Rahmspinat« (siehe Seite 56)

Bolognese:
150 g schnittfester Tofu
2 EL neutrales Pflanzenöl
½ Zwiebel, fein gehackt
½ Knoblauchzehe, fein gehackt
50 g Karotte, ganz fein gewürfelt
50 g Sellerieknolle, geschält und ganz fein gewürfelt
60 g Tomatenmark
50 ml Rotwein
¾ TL Gemüsebouillonpulver
150 ml Wasser
½ TL getrockneter oder 1 EL frischer Oregano
½ TL getrocknetes oder 1 EL frisches Basilikum
1 Prise gemahlener Zimt
Salz, Pfeffer aus der Mühle

● Für die Pfannkuchen alle Zutaten mit dem Schwingbesen verquirlen und den Teig wenn möglich 10 Minuten ruhen lassen.
● Eine beschichtete Bratpfanne mit Öl einpinseln und bei mittlerer Hitze auf den Herd stellen. Den Teig nochmals verquirlen und die gewünschte Menge mit einer Schöpfkelle in der Pfanne verteilen (nicht ganz bis an den Rand, sodass man mit dem Gummischaber noch problemlos unter den Pfannkuchen gelangen kann). Den Pfannkuchen 2–5 Minuten braten, dann wenden und von der anderen Seite weitere 2–5 Minuten braten.
● Für die Bolognese den Tofu mit den Fingern fein zerbröseln. Das Öl erhitzen und den Tofu darin auf mittlerer bis hoher Stufe 6–8 Minuten unter gelegentlichem Rühren anbraten.
● Die Zwiebel, den Knoblauch, die Karotte und den Sellerie zugeben und 3 Minuten mitbraten. Das Tomatenmark zugeben, unterrühren und weitere 2–3 Minuten braten. Rotwein, Gemüsebouillonpulver, Wasser sowie Kräuter und Zimt zugeben und alles 5–7 Minuten ohne Deckel bei mittlerer Hitze kochen. Mit Salz und Pfeffer abschmecken.
● Die Pfannkuchen mit einer Füllung nach Wahl füllen und aufrollen.

Gefüllte Pastetchen

Für 2 Portionen

1 Blätterteig (320 g, rechteckig ausgerollt, 42 x 26 cm)

Füllung:
3 EL neutrales Pflanzenöl
200 g Seitan, in Streifen geschnitten
1 kleine Zwiebel, fein gehackt
250 g braune Champignons, geviertelt oder geachtelt, je nach Größe
3½–4 EL weißes Mandelmus
1 TL Tamari (Bio-Sojasauce)
½ TL Senf (ohne Körner)
1 TL Zitronensaft
300 ml Wasser
Salz, Pfeffer aus der Mühle

● Den Blätterteig auf der Arbeitsfläche auslegen. Für rechteckige Pastetchen die lange Seite in sechs Streifen à 7 cm teilen. Diese Streifen jeweils in vier Rechtecke à 7 x 6,5 cm teilen. Jeweils drei Rechtecke ohne Druck passgenau übereinanderlegen und das Innere bis auf 1 cm Rand herausschneiden und beiseitelegen (wird später als Deckel gebraucht). Die Rahmen jeweils auf die verbleibenden Teigrechtecke legen und die Ecken leicht nach innen klappen, sodass eine rundliche Form entsteht. Für runde Pastetchen Kreise von 8–9 cm Durchmesser ausschneiden und ebenso vorgehen. Insgesamt ergibt das sechs Pastetchen.

● Den Backofen auf 200 Grad vorheizen.

● Den Boden der Pastetchen (Achtung, nicht den Rahmen!) wie auch die vorher zur Seite gelegten Deckel mehrmals mit einer Gabel einstechen. Im vorgeheizten Ofen etwa 20 Minuten backen.

● Für die Füllung in einer Bratpfanne 2 EL Öl erhitzen und die Seitanstreifen 3–4 Minuten scharf anbraten. Aus der Pfanne nehmen und beiseitestellen.

● In der gleichen Pfanne das restliche Öl erhitzen und die Zwiebel darin 2 Minuten dünsten. Die Pilze zugeben und 5 Minuten ohne Deckel auf mittlerer bis hoher Stufe braten. Dann die Seitanstreifen sowie Mandelmus, Tamari, Senf, Zitronensaft und Wasser zugeben und alles 2–5 Minuten ohne Deckel zu einer cremigen Sauce einkochen lassen. Mit Salz und Pfeffer abschmecken.

● Die Füllung in die gebackenen Pastetchen geben und mit einer Gemüsebeilage servieren.

Tipps: Bei der Herstellung der Pastetchen ist genaues Arbeiten wichtig.
Und: Damit sie schön aufgehen, die Blätterteigschichten nur aufeinanderlegen und nicht zu stark andrücken.

Birnenrisotto

Für 2 Portionen

200 g reife Birnen
1 Zwiebel, fein gehackt
neutrales Pflanzenöl
200 g Risottoreis
1 Knoblauchzehe, fein gehackt
75 ml Weißwein
1 TL Gemüsebouillonpulver
250–350 ml Wasser
250 ml Apfelsaft
Salz, Pfeffer aus der Mühle
Cashew-»Parmesan«
(siehe Seite 161)

- Die Birnen waschen, entkernen und ungeschält in nicht zu feine, aber auch nicht zu grobe Stücke würfeln.
- Die Zwiebel in einer beschichteten Bratpfanne in etwas Öl glasig dünsten. Den Reis und den Knoblauch zugeben und 2 Minuten braten. Mit dem Weißwein ablöschen und unter Rühren einkochen, bis der Reis den Wein aufgesogen hat.
- Die Birnenstücke, das Bouillonpulver, etwas Wasser und etwas Apfelsaft beifügen und nicht ganz zugedeckt unter regelmäßigem Rühren einkochen lassen. Den Vorgang wiederholen, bis aller Apfelsaft aufgesogen ist, und noch so lange Wasser zugeben, bis der Reis weich ist. Dabei regelmäßig umrühren.
- Mit Salz und Pfeffer abschmecken und mit Cashew-»Parmesan« bestreut servieren.

Gebratener Fenchel auf sommerlichem Tomatensugo

Für 2 Portionen

Olivenöl
1 Zwiebel, fein gehackt
3 Knoblauchzehen, fein gehackt
2 EL frisch gehackte Petersilie
400 g geschälte Tomaten aus der Dose
50 ml Rotwein
nach Belieben 10 schwarze Oliven, gehackt
etwas frisches Basilikum, gehackt
1 TL guter Balsamicoessig
Meersalz, Pfeffer aus der Mühle
300 g Fenchel
1 TL Zitronensaft

- Für den Sugo 1–2 EL Olivenöl in einer Bratpfanne erhitzen, die Zwiebel und 2 Knoblauchzehen darin 2 Minuten dünsten. Die frisch gehackte Petersilie zugeben und 2 Minuten braten.
- Die geschälten Tomaten, den Wein und nach Belieben die gehackten Oliven zugeben und nicht ganz zugedeckt 15 Minuten auf mittlerer Stufe kochen lassen. Das Basilikum und den Balsamico zugeben und alles mit Salz und Pfeffer würzen.
- Den Fenchel waschen, halbieren, vom Strunk befreien und der Breite nach in Streifen schneiden. 2 EL Olivenöl in einer beschichteten Bratpfanne erhitzen. Den Fenchel und die restliche Knoblauchzehe im Öl 15–20 Minuten auf mittlerer bis hoher Stufe ohne Deckel braten, bis der Fenchel schön goldbraun ist und das typische Röstaroma entwickelt hat.
- Den Fenchel salzen und mit dem Zitronensaft mischen. Auf dem Tomatensugo anrichten und nach Belieben nochmals mit Zitronensaft beträufeln. Dazu passt Pasta.

Gefüllte Zucchini

Für 2 Portionen

Bolognese Style:
2 kleinere Zucchini
3 EL Olivenöl
150 g Tofu
1 große Zwiebel, fein gehackt
2 EL Tomatenmark
1 Knoblauchzehe, fein gehackt
1 TL Gemüsebouillonpulver
¾ TL edelsüßes Paprikapulver
1 TL getrocknetes Basilikum
50 ml Wasser
Salz, Pfeffer aus der Mühle
nach Belieben Cashew-»Käse«
(siehe Seite 161)

- Die Zucchini waschen und längs halbieren. Mit einem Esslöffel das Innere herausschaben und beiseitestellen. Die Zucchinihälften in einer geeigneten Backform oder auf einem Backblech verteilen.
- Das Olivenöl erhitzen. Den Tofu mit den Fingern fein zerbröseln und in dem erhitzten Öl 3 Minuten braten. Die Zwiebel zugeben und 2 Minuten mitbraten. Das Tomatenmark zugeben, gut untermischen und ebenfalls 2 Minuten mitbraten.
- Das herausgeschabte Zucchinifleisch, Knoblauch, Bouillonpulver, Paprikapulver, Basilikum und Wasser zugeben und alles 2–3 Minuten kochen. Die Mischung mit Salz und Pfeffer abschmecken und in die Zucchinihälften füllen.
- Die gefüllten Zucchini in den kalten Ofen stellen und bei 200 Grad 35–40 Minuten backen. Nach 20 Minuten Backzeit den Cashew-»Käse« auf den Zucchini verteilen.

Mit Kräuter-Tofu-Füllung:
2 kleinere Zucchini
2 EL Olivenöl
1 große Zwiebel, fein gehackt
1 Knoblauchzehe, fein gehackt
150 g Tofu
je 1½ TL getrocknetes Basilikum, getrockneter Dill und getrockneter Thymian
2 TL Zitronensaft
1 TL Balsamicoessig
ca. 1 gestrichener TL Salz
Pfeffer aus der Mühle
nach Belieben Cashew-»Käse«

- Die Zucchini waschen und längs halbieren. Mit einem Esslöffel das Innere herausschaben und beiseitestellen. Die Zucchinihälften in einer geeigneten Backform oder auf einem Backblech verteilen.
- Das Olivenöl in einer Bratpfanne erhitzen und die Zwiebel und den Knoblauch darin andünsten. Das herausgeschabte Zucchinifleisch zugeben und 2 Minuten mitdünsten. Den Tofu mit den Fingern fein zerbröseln und zusammen mit den Kräutern, dem Zitronensaft und dem Essig beifügen. Die Mischung mit Salz und Pfeffer abschmecken und in die Zucchinihälften geben.
- Die gefüllten Zucchini in den kalten Ofen stellen und bei 200 Grad 35–40 Minuten backen. Nach 20 Minuten Backzeit den Cashew-»Käse« auf den Zucchini verteilen.

Gebratener Tofu in cremiger Erdnuss-Kokos-Sauce

Sehr nahrhaft und unglaublich lecker!

Für 2 Portionen

2–3 EL neutrales Pflanzenöl
250–300 g schnittfester Tofu, gewürfelt
1 Zwiebel, fein gehackt
300 ml Kokosmilch
1 Knoblauchzehe, gepresst
1½ TL Tamari (Bio-Sojasauce)
1½ EL feines Erdnussmus (siehe Tipp)
2 EL Wasser
1–2 EL gesalzene Erdnüsse
Salz, Pfeffer aus der Mühle

- Das Öl erhitzen und die Tofuwürfel darin auf hoher Stufe einige Minuten goldbraun anbraten. Die Zwiebel zugeben und 1–2 Minuten mitbraten.
- Kokosmilch, Knoblauch, Tamari, Erdnussmus und Wasser zugeben und alles etwa 5 Minuten ohne Deckel zu einer cremigen Sauce einkochen lassen.
- Die Erdnüsse zugeben und alles mit Salz und etwas frisch gemahlenem Pfeffer abschmecken.
- Den Tofu mit Jasmin- oder Basmatireis und frischem Gemüse servieren.

Tipp: Erdnussmus wird zu hundert Prozent aus Erdnüssen hergestellt. Der Geschmack ist dadurch intensiver und authentischer als bei Erdnussbutter. Außerdem wird für Erdnussmus kein Palmöl verwendet, dessen Produktion häufig ökologisch bedenklich ist. Erdnussmus gibt es im Bioladen oder Reformhaus. Alternativ kann aber auch auf ungesalzene Erdnussbutter zurückgegriffen werden.

Grillspieße

Für 2 Portionen

Spieße:
150 g Zucchini
1 rote Paprikaschote (Peperoni)
150 g braune Champignons
1 mittelgroße Zwiebel
150–200 g Räuchertofu

Marinade:
3 TL Senf (ohne Körner)
¾ TL Currypulver
1½ TL edelsüßes Paprikapulver
3–4 EL neutrales Pflanzenöl
3 TL Zitronensaft
1½ TL Salz

- Für die Spieße die Zucchini waschen und in Scheiben schneiden. Die Paprikaschote putzen, entkernen, waschen und in mundgerechte Stücke schneiden. Die Pilze feucht abreiben und je nach Größe halbieren. Die Zwiebel schälen, vierteln und jedes Viertel in der Mitte trennen, sodass acht Stücke entstehen. Den Räuchertofu grob würfeln. Die vorbereiteten Zutaten abwechselnd auf sechs Spieße verteilen.
- Für die Marinade alle Zutaten in eine Schüssel geben und gut verrühren. Die Spieße großzügig mit der Marinade einpinseln und auf dem Grill oder in einer beschichteten Bratpfanne rundum braten.

Tipp: Die Spieße sind auch ohne Räuchertofu als reine Gemüsespieße ein Genuss.

Auflauf Toast-Hawaii-Style

5–6 vegane (Vollkorn-) Toastscheiben (160 g)
200 g Ananasscheiben aus der Dose, abgetropft
3 EL neutrales Pflanzenöl
200 g guter Räuchertofu, fein gewürfelt
1 große rote Paprikaschote (Peperoni), in grobe Stücke geschnitten
1½ Rezeptmengen »Käse aus Edelhefe« (siehe Seite 162)

- Die Toastscheiben mit den Fingern in Stücke reißen und auf dem Boden einer Auflaufform verteilen. Die Ananasscheiben in Stücke schneiden.
- Das Öl in einer Bratpfanne erhitzen und den Räuchertofu darin 5–7 Minuten auf mittlerer Stufe braten. Über dem Toast verteilen. Die Ananas- und die Paprikastücke gleichmäßig über dem Tofu verteilen. Zum Schluss den »Käse« darauf verteilen.
- Die Auflaufform in den kalten Ofen geben und den Auflauf bei 180 Grad etwa 35 Minuten backen.

Nudelauflauf mit Lauch und »Speck«

Für 2 Portionen

300 g helle Penne (ohne Ei)
1 Stange Lauch mit Grün
120 g guter Räuchertofu
2 EL neutrales Pflanzenöl
500 ml Wasser
4–5 EL weißes Mandelmus
1 TL Senf (ohne Körner)
2 EL reine Edelhefe (z. B. Dr. Ritter)
¾ TL Salz
Pfeffer aus der Mühle

- Die Penne nach Packungsanleitung kochen, abgießen und gut abtropfen lassen.
- Den Lauch der Länge nach halbieren, waschen und in ½ cm breite Halbmonde schneiden.
- Den Räuchertofu zuerst in dünne Scheiben und dann in Streifen schneiden. Das Öl in einer Bratpfanne erhitzen und den Tofu darin 3–5 Minuten auf hoher Stufe unter Rühren braten. Den Lauch zugeben und etwa 5 Minuten mitbraten.
- Das Wasser, das Mandelmus, den Senf und die Edelhefe beifügen und alles ohne Deckel 2–3 Minuten zu einer cremigen Sauce einkochen. Mit Salz und Pfeffer würzen.
- Die abgetropften Penne zu der Tofu-Lauch-Sauce geben, alles miteinander vermischen und in einer Auflaufform verteilen. Die Auflaufform in den kalten Ofen stellen und den Auflauf bei 200 Grad 35–40 Minuten backen.

Bärlauchpesto

Ein herrlich frischer Bärlauchpesto. Nicht zum Konsum vor einem Date oder Bewerbungsgespräch zu empfehlen.

Für 1 Glas

100 g frischer Bärlauch
50 ml hochwertiges Olivenöl
30 ml Wasser
1 gestrichener TL Senf (ohne Körner)
1 TL Zitronensaft
40 g reine Edelhefe (z. B. Dr. Ritter)
30 g Cashewkerne
1 gestrichener TL Salz

- Den Bärlauch waschen, trocken schütteln und zusammen mit Olivenöl, Wasser, Senf und Zitronensaft mit dem Stabmixer gründlich pürieren. Die Edelhefe und die Cashewkerne beifügen und nochmals mixen. Mit dem Salz abschmecken. Dazu passen Pasta oder Salzkartoffeln.

Tipp: Pesto am besten mit wenig heißem Pastakochwasser anrühren. Alternativ geht aber auch einfach heißes Wasser.

Lauwarme Kichererbsenpfanne mit Gurken-Raita

Raita kommt ursprünglich aus Indien und wird dort zur Milderung der Schärfe zu Currys serviert. In diesem Rezept ergibt sich mit der Kichererbsenpfanne und frischem Fladenbrot ein leckeres und leichtes Hauptgericht.

Für 2 Portionen

Kichererbsenpfanne:
1 kleine Zwiebel, fein gehackt
1 EL neutrales Pflanzenöl
150 g Kartoffeln, fein gewürfelt
1 Knoblauchzehe, fein gehackt
100 ml Wasser
½ TL gemahlener Kreuzkümmel
½ TL gemahlener Koriander
½ TL gemahlener Kurkuma
120 g tiefgekühlter Blattspinat, aufgetaut
400 g Kichererbsen aus der Dose, abgetropft
1 EL Zitronensaft
1 TL weißes Mandelmus
Salz

Gurken-Raita:
¼ Salatgurke
½ TL Salz
125 g ungesüßter Soja-Naturjoghurt
½ Zwiebel, fein gehackt
½ EL Zitronensaft
¼ TL gemahlener Kreuzkümmel
¼ TL gemahlener Koriander
frischer Koriander zum Anrichten

- Für die Kichererbsenpfanne die Zwiebel im Öl glasig dünsten. Die Kartoffeln, den Knoblauch, das Wasser und die Gewürze zugeben und zugedeckt 10 Minuten kochen. Den Spinat zugeben und alles zugedeckt weitere 5–10 Minuten kochen, bis die Kartoffeln weich sind.
- Die Kichererbsen, den Zitronensaft und das Mandelmus zugeben und noch 2–3 Minuten mitkochen. Salzen und etwas abkühlen lassen.
- Für die Raita die Salatgurke waschen und ungeschält sehr fein hacken. Mit dem Salz mischen und 30 Minuten Wasser ziehen lassen. Das entstandene Wasser abgießen. Die Gurkenstücke mit dem Sojajoghurt, der gehackten Zwiebel, dem Zitronensaft und den Gewürzen vermengen und mindestens 20 Minuten ziehen lassen. Mit frischem Koriander garniert anrichten.
- Die Kichererbsenpfanne mit der Raita servieren. Dazu passt Fladenbrot.

Tipp: Wenn es mal schnell gehen soll, kann man auch auf das Salzen und Wasserziehenlassen der Gurke verzichten. Auf jeden Fall aber die Raita mindestens 20 Minuten ziehen lassen, damit sich der Geschmack richtig entfalten kann.

Szechuan Stir-Fry mit Tofu

Ich liebe die asiatische Küche. Kaum eine andere Küche kombiniert so gekonnt süße, saure und salzige Aromen und bietet so leicht bekömmliche Gerichte.

Für 2–3 Portionen

Tofu:
geröstetes Sesamöl (alternativ neutrales Pflanzenöl)
200 g schnittfester Tofu, gewürfelt
200 g Karotten, in feine Streifen geschnitten
1 Knoblauchzehe, fein gehackt
1 rote oder gelbe Paprikaschote (Peperoni), in feine Streifen geschnitten
250 g Brokkoli, in Röschen zerteilt

Sauce:
100 ml Wasser
2 mittelgroße Knoblauchzehen, gepresst
20 g frischer Ingwer, ganz fein gehackt oder geraspelt
4 EL Tamari (Bio-Sojasauce)
4 EL Weißweinessig
1 EL Vollrohrzucker
1 EL Tomatenmark
nach Belieben 1 EL geröstetes Sesamöl
Chilipulver nach Belieben

- Für die Sauce alle Zutaten in eine Schüssel geben und mit dem Schwingbesen gut verrühren.
- Für den Tofu 1 EL Sesamöl in einer Bratpfanne erhitzen und die Tofuwürfel darin 5 Minuten goldbraun braten. Beiseitestellen.
- Nochmals 1 EL Sesamöl in einem Wok oder einer großen Bratpfanne erhitzen, die Karotten und den Knoblauch darin 5 Minuten braten. Die Paprikastreifen und die Brokkoliröschen zugeben und 3 Minuten braten, eventuell nochmals etwas Öl zugeben.
- Die Sauce zusammen mit dem Tofu zum Gemüse geben und noch 5–10 Minuten zugedeckt kochen. Mit Reis servieren.

Tipp: Das geröstete Sesamöl gibt dem Gericht eine tolle Note. Es kann aber auch auf neutrales Pflanzenöl zurückgegriffen werden.

Orientalische Kartoffeln

Für 2 Portionen

700–800 g Kartoffeln
etwas Wasser
neutrales Pflanzenöl
1½ TL gemahlener Koriander
1½ TL gemahlener Kreuzkümmel
2 EL Sesamsamen
2 Zwiebeln, in Streifen
½ TL gemahlener Kurkuma
½ TL Ingwerpulver
1 TL getrocknete Zitronenschale
3 EL Zitronensaft
Salz
nach Belieben Chilipulver

● Die Kartoffeln gründlich waschen und ungeschält in mundgerechte Stücke schneiden. In einem Topf mit Wasser bedecken und weich kochen.

● In einer beschichteten Bratpfanne 1 EL Öl erhitzen. Koriander, Kreuzkümmel und Sesamsamen dazugeben und bei mittlerer bis hoher Stufe rösten, bis der Sesam sein typisches Röstaroma entwickelt (ca. 5 Minuten). Die Zwiebeln und weitere 1–2 EL Öl zugeben und etwa 3 Minuten mitbraten.

● Dann Kartoffeln, Kurkuma, Ingwerpulver sowie Zitronenschale und -saft zufügen, gut untermischen und alles nochmals kurz braten. Mit Salz und nach Belieben mit Chilipulver abschmecken und servieren.

Auberginenpfanne mit roten Linsen

Für 2 Portionen

Olivenöl
500 g Auberginen, 2 cm groß gewürfelt
2 Knoblauchzehen, fein gehackt
1 Zwiebel, fein gehackt
15 g frischer Ingwer, fein gehackt
1½ TL gemahlener Kreuzkümmel
1 EL Tomatenmark
125 g rote Linsen
1 Tomate (150 g), gehackt
400 ml Wasser
nach Belieben frischer Koriander zum Anrichten

- In einer Bratpfanne 3 EL Olivenöl erhitzen und die Auberginenwürfel darin etwa 8 Minuten auf hoher Stufe braten, bis sie rundum goldbraun sind. Beiseitestellen.
- In derselben Bratpfanne nochmals 1 EL Olivenöl erhitzen und darin Knoblauch, Zwiebel, Ingwer und Kreuzkümmel 3 Minuten dünsten. Das Tomatenmark zugeben, gut unterrühren und 2 Minuten mitbraten.
- Die Linsen, die Tomate und das Wasser zugeben und etwa 20 Minuten zugedeckt auf mittlerer Stufe kochen, bis das meiste Wasser aufgesogen ist, die Linsen aber noch einen leichten Biss haben. Zum Schluss die Auberginenwürfel zugeben und noch etwa 2 Minuten mitkochen.
- Nach Belieben mit frischem Koriander garniert anrichten.

Tipp: Wenn es um das Braten von Auberginen geht, nicht an Öl sparen. Denn nur in ausreichend Öl lange genug gebraten, entwickeln sie das gewünschte Aroma und erhalten die typische Konsistenz.

Zitronen-Dill-Couscous

Eine schmackhafte und erfrischende Beilage zu vielen Gerichten.

Für 2 Portionen

150 g Couscous
½ TL Salz
2½ EL frischer oder 2½ TL getrockneter Dill
225 ml Wasser
1 TL Olivenöl
4 EL Zitronensaft

- Den Couscous mit dem Salz und dem Dill in einer Schüssel mischen.
- Das Wasser aufkochen und über den Couscous gießen. Zugedeckt 10 Minuten ziehen lassen. Mit dem Olivenöl und dem Zitronensaft mischen und servieren.

Sweet and Smoky Mustard-Bolognese

Für 2 Portionen

200 g Räuchertofu
2 EL neutrales Pflanzenöl
1 Zwiebel, fein gehackt
70 g milder oder mittelscharfer Senf (ohne Körner)
½ EL edelsüßes Paprikapulver
1 säuerlicher Apfel (150 g, z. B. Braeburn), geraspelt
200 ml Wasser
1 TL Zitronensaft
1 Knoblauchzehe, gepresst
250 g Pasta ohne Ei nach Wahl
Salz

- Den Räuchertofu mit den Fingern fein zerbröseln. Das Öl in einer Bratpfanne erhitzen und den Tofu darin 4–6 Minuten auf mittlerer Stufe braten. Die Zwiebel beifügen und 2–3 Minuten mitbraten.
- Dann Senf, Paprikapulver, Apfelraspel, Wasser, Zitronensaft und Knoblauch zugeben und alles ohne Deckel 2–3 Minuten kochen.
- Die Pasta in siedendem Salzwasser nach Packungsanleitung kochen, abgießen und abtropfen lassen. Die Pasta mit der Bolognese anrichten und servieren.

Spinatwähe mit »Speckwürfelchen«

Ein echter Schweizer Klassiker, der mich an die leckeren Essen in Kindheitstagen bei meinen Großeltern erinnert.
Diese vegane Version steht der traditionellen in nichts nach und überzeugt auch Großeltern.

Für 2–3 Portionen
Für eine flache Wähen- oder Kuchenform von 28 cm Durchmesser

1 Portion Kuchenteig (siehe Seite 164) aus 150 g Halbweiß- und 100 g Vollkornmehl

Füllung:
100 g Räuchertofu
2 EL neutrales Pflanzenöl
1 Zwiebel, fein gehackt
250 g tiefgekühlter gehackter Spinat, aufgetaut
200 ml Sojarahm (Sojasahne)
20 g Maisstärke
2 EL Cashewmus (alternativ weißes Mandelmus)
1½ EL Zitronensaft
1 gestrichener TL Salz
Pfeffer aus der Mühle

- Für die Füllung den Räuchertofu ganz fein würfeln. In einer Bratpfanne das Öl erhitzen und den Räuchertofu darin etwa 5 Minuten braten. 2 EL aus der Pfanne nehmen und beiseitestellen. Die Zwiebel in die Pfanne geben und 3 Minuten mitdünsten.
- Das Auftauwasser des Spinats abgießen, den Spinat aber nicht ausdrücken. Den Spinat mit den restlichen Zutaten für die Füllung vermischen und mit dem Stabmixer gründlich mixen. Dann zu der Tofu-Zwiebel-Mischung geben und gut unterrühren.
- Den Backofen auf 220 Grad vorheizen.
- Die Form mit dem Kuchenteig auskleiden. Die Spinat-Tofu-Füllung auf dem Teigboden verteilen. Die Wähe im vorgeheizten Ofen auf der untersten Schiene 25 Minuten backen. Nach der Hälfte der Backzeit die beiseitegelegten Räuchertofuwürfel auf der Wähe verteilen und die Wähe fertig backen.

Tipps: Auch ohne »Speckwürfeli« als reine Spinatwähe ein Genuss.
Als Variante ½ TL getrockneten oder ½ EL frischen Thymian zur Füllung dazugeben.

Glasierter Hokkaidokürbis mit Rosmarin auf Marronispätzle

Die Kombination aus Kürbis, aromatischem Birnendicksaft und Spätzle bedeutet Herbstgenuss pur.

Für 2–3 Portionen

Glasierter Hokkaidokürbis:
900 g Hokkaidokürbis (750 g entkernt)
2 EL Olivenöl
2 EL frische oder 1½ TL getrocknete Rosmarinnadeln
5 EL Birnendicksaft (Birnel; alternativ Ahornsirup)
3 EL + 125 ml Wasser
nach Belieben 2 EL Sultaninen
Pfeffer aus der Mühle, Salz
1½ EL guter Balsamicoessig

Marronispätzle:
1 EL neutrales Pflanzenöl
300 g tiefgekühlte, geschälte Marroni (Maronen)
250 ml + 275 ml Wasser
70 g helles Mehl
45 g Hartweizengrieß
1 TL Maisstärke
⅔ TL Salz
2 Prisen Zucker

- Den Kürbis waschen, entkernen und ungeschält würfeln. Das Olivenöl erhitzen und den Rosmarin darin 2–3 Minuten rösten. Die Kürbiswürfel und 2 EL Birnendicksaft zugeben und etwa 7 Minuten bei mittlerer bis hoher Stufe ohne Deckel braten.
- 3 EL Wasser zugeben und alles zugedeckt bei kleiner Hitze kochen, bis der Kürbis weich ist (5–10 Minuten). Dann 125 ml Wasser, nach Belieben die Sultaninen und 1 EL Birnendicksaft zugeben und kurz einkochen lassen. Mit Pfeffer und ordentlich Salz abschmecken.
- Den restlichen Birnendicksaft mit dem Balsamico mischen und beiseitestellen.
- Für die Spätzle das Öl in einer beschichteten Bratpfanne erhitzen und die tiefgekühlten Marroni darin 4–6 Minuten unter ständigem Rühren ohne Deckel leicht goldbraun anbraten; sie sollten auf keinen Fall zu dunkel werden. 250 ml Wasser zugeben und die Marroni zugedeckt bei mittlerer Hitze so lange kochen, bis sie ganz weich sind und teilweise schon zerfallen (5–8 Minuten). Gut abtropfen und abkühlen lassen.
- Die Marroni mit 275 ml Wasser mit dem Stabmixer zu einer homogenen Masse pürieren. Die restlichen Zutaten zugeben und von Hand kräftig rühren, bis keine Klümpchen mehr vorhanden sind. Sollte der Teig zu dünnflüssig sein, noch etwas Mehl und Hartweizengrieß zugeben.
- Einen Topf mit Wasser zum Kochen bringen. Den Spätzleteig portionsweise mit einem Spätzlehobel ins kochende Wasser hobeln. Sobald die Spätzle an die Oberfläche steigen, abschöpfen, abtropfen lassen und kurz kalt abspülen.
- Die Spätzle mit dem Kürbisgemüse anrichten und die Birnel-Balsamico-Sauce darüberträufeln.

Aromatischer Langkornreis mit gebratenen Bananen, Seitan, Lauch und Erdnüssen

Für 2 Portionen

200 g Langkornreis (Parboiled)
300 ml + 2–3 EL Wasser
1–2 Handvoll gesalzene Erdnüsse
neutrales Pflanzenöl
200 g Seitan, geschnetzelt (alternativ schnittfester Tofu)
1 Lauchstange, in Streifen geschnitten
2–3 möglichst reife Bananen
2 TL Birnendicksaft (Birnel)
6–8 EL Tamari (Bio-Sojasauce)

- Den Reis mit 300 ml Wasser in einem Topf zum Kochen bringen. Die Hitze reduzieren und den Reis zugedeckt so lange kochen lassen, bis er weich ist; eventuell noch etwas Wasser zugeben.
- Die Erdnüsse in einer Bratpfanne ohne Zugabe von Öl auf mittlerer Stufe einige Minuten goldbraun rösten, dann beiseitestellen.
- In der Bratpfanne etwas Öl erhitzen und den geschnetzelten Seitan darin einige Minuten anbraten. Den Lauch zugeben, 2–3 Minuten mitbraten. 2–3 EL Wasser zugeben und zugedeckt so lange garen, bis der Lauch weich ist. Aus der Pfanne nehmen.
- Die Bananen schälen und in Scheiben schneiden. Etwas Öl erhitzen und die Bananen beidseitig auf mittlerer bis hoher Stufe kurz goldbraun braten, ohne viel zu rühren. Lauch, Reis und Seitan zugeben, gut verrühren und alles mit Birnendicksaft und Tamari abschmecken.
- Den Reis mit der Sauce und mit den Erdnüssen bestreut anrichten.

Tipp: Die schön gelben Bananen aus dem Supermarkt sind in aller Regel direkt beim Kauf zu wenig reif und geschmacksintensiv. Einfach einige Tage bis zu einer Woche zu Hause reifen lassen, bis sie ein herrlich intensives Aroma entwickeln und bereits aus der Schale heraus duften, dann sind sie perfekt.

Sämiger Risotto mit Rucola, Erbsen und »Speck«

Für 3 Portionen

2–3 EL neutrales Pflanzenöl
200 g guter Räuchertofu, grob gewürfelt
1 Zwiebel, gehackt
1 Knoblauchzehe, fein gehackt
300 g Risottoreis
200 ml Weißwein
1–1,2 l Wasser
200 g tiefgekühlte grüne Erbsen
75 g Rucola
2–3 TL Gemüsebouillonpulver
3 EL Cashewmus
3 EL reine Edelhefe (z. B. Dr. Ritter)
5 EL weißer Balsamico (alternativ Weißweinessig)
(Meer-)Salz, Pfeffer aus der Mühle
Mandel- oder Cashew-»Parmesan« (siehe Seite 161) zum Servieren

● Das Öl in einer Bratpfanne erhitzen und den Räuchertofu darin 5–7 Minuten gut anbraten. Die Zwiebel und den Knoblauch zugeben und 1–2 Minuten mitdünsten. Den Reis zugeben und 2–3 Minuten anbraten. Mit 100 ml Weißwein ablöschen und kurz einkochen lassen. Etwa 200 ml Wasser, die Erbsen, den Rucola und das Bouillonpulver zugeben und einkochen lassen.

● Etwas Wasser und den restlichen Wein zugeben und erneut einkochen lassen. Nun immer wieder Wasser zugeben, umrühren und einkochen lassen. So lange wiederholen, bis der Reis weich ist. Kurz vor Schluss das Cashewmus, die Edelhefe und den weißen Balsamico zufügen. Gut unterrühren und mit etwas Wasser nochmals einkochen lassen. Mit Salz und frisch gemahlenem Pfeffer würzen.

● Den Risotto mit Mandel- oder Cashew-»Parmesan« bestreut servieren.

Tomaten-»Schinken«-Strudel

Für 2–3 Portionen

1 Portion Strudelteig (siehe Seite 164)
Mehl für die Arbeitsfläche

Füllung:
150 g Räuchertofu (siehe Tipp)
2–3 EL neutrales Pflanzenöl
400 g reife Tomaten (alternativ Tomaten aus der Dose), gehackt
40 g Tomatenmark
2 TL getrocknetes Oregano
25 g reine Edelhefe (z. B. Dr. Ritter)
¾ TL Salz

● Den Räuchertofu zuerst in dünne Scheiben, dann in feine Streifen schneiden. Das Öl in einer Bratpfanne erhitzen und den Tofu darin etwa 5 Minuten braten. Die restlichen Zutaten zugeben, gut vermischen und noch 1 Minute kochen.
● Den Backofen auf 200 Grad vorheizen.
● Den Teig auf einer gut bemehlten Arbeitsfläche dünn auswallen. Auf ein Tuch legen und mit den Fingerspitzen in die Form eines Rechtecks ziehen (etwa 40 x 50 cm). Die Füllung darauf verteilen und am Rand 2 cm frei lassen. Den Teig mithilfe des Tuches von der langen Seite her vorsichtig aufrollen. Die seitlichen Enden zusammendrücken und den Strudel mit der Nahtseite nach unten auf ein mit Backpapier belegtes Blech legen. Im vorgeheizten Ofen etwa 40 Minuten backen.

Tipp: Guter Räuchertofu sollte nicht zu schwach und nicht zu stark geräuchert sein. Meine Favoriten sind jene von Edeka und Taifun.

Winterliche rote Linsen

Für 2–3 Portionen

2 EL neutrales Pflanzenöl
2 Zwiebeln, gehackt
300 g rote Linsen
2 Knoblauchzehen, gehackt
1 EL Kokosraspel
1 Zimtstange, halbiert
½ TL edelsüßes Paprikapulver
½ TL Lebkuchengewürz
1 TL Gemüsebouillonpulver
500 ml Wasser
2 EL weißes Mandelmus
Salz, Pfeffer aus der Mühle

- Das Öl in einer Bratpfanne erhitzen und die Zwiebeln darin glasig dünsten. Die Linsen, den Knoblauch, die Kokosraspel und die Gewürze zugeben und 2–3 Minuten braten.
- Dann Gemüsebouillonpulver und Wasser zugeben und alles zugedeckt auf mittlerer Stufe kochen, bis die Linsen weich sind und alles Wasser aufgesogen haben (25–30 Minuten). Eventuell noch etwas Wasser zugeben. Kurz vor Schluss das Mandelmus gut untermischen und alles mit Salz und Pfeffer würzen.

Tipp: Mit Gemüse nach Wahl servieren.

Tofu in »Bratensauce« mit Kartoffelstock

Für 2 Portionen

Tofu:
Neutrales Pflanzenöl
200 g Tofu, gewürfelt
3 Zwiebeln, in breite Streifen geschnitten
1 Knoblauchzehe, fein gehackt
2 EL Weißweinessig
½ TL Maisstärke
75 ml Sojamilch
350 g Karotten, in Streifen geschnitten
⅔ TL edelsüßes Paprikapulver
50 ml Tamari (Bio-Sojasauce)
200 ml Wasser
2 TL Senf (ohne Körner)
2 Gewürznelken
2 Lorbeerblätter
½ TL Gemüsebouillonpulver

Kartoffelstock:
600 g mehlig kochende Kartoffeln
Salz
150 ml Sojamilch
25 g pflanzliche Margarine
Pfeffer aus der Mühle
1 Prise Muskatnuss

- Für den Tofu 2 EL Öl in einer Bratpfanne erhitzen und den Tofu darin 5 Minuten braten. Beiseitestellen.
- In der Bratpfanne 1–2 EL Öl erhitzen, Zwiebeln und Knoblauch darin 2–3 Minuten dünsten. Den Essig zugeben und kurz einkochen lassen.
- Die Maisstärke in der Sojamilch vollständig auflösen. Zusammen mit den restlichen Zutaten außer dem Tofu in die Pfanne geben und insgesamt 20–30 Minuten kochen, bis die Karotten ganz weich sind. Nach 10 Minuten Kochzeit den Tofu beifügen und für die restliche Zeit mitkochen.
- Für den Kartoffelstock die Kartoffeln schälen, in mundgerechte Stücke schneiden und in einem Topf mit Wasser knapp bedecken. Salzen und 20–30 Minuten zugedeckt bei kleiner Hitze sehr weich kochen. Anschließend abgießen und abtropfen lassen.
- Die Kartoffeln zusammen mit der Sojamilch und der Margarine mit einem Kartoffelstampfer oder mit einer Gabel so lange stampfen oder zerdrücken, bis möglichst keine Klümpchen mehr vorhanden sind. Mit Salz, frisch gemahlenem Pfeffer und Muskat abschmecken.
- Den Tofu mit dem Kartoffelstock anrichten und servieren.

Gemüsepizza

Für 2 Stück

1 Portion Pizzateig (siehe Seite 165)

Sauce:
150 g passierte Tomaten
1 EL Olivenöl
1 Knoblauchzehe, gepresst
1 EL Tomatenmark
1 TL getrockneter Oregano
1 TL getrocknetes Basilikum
2 Prisen Paprikapulver
1 TL Balsamicoessig
¾ TL Salz
Pfeffer aus der Mühle

»Käse«:
60 g Cashewkerne
90 ml Wasser
1 große Knoblauchzehe
1 TL Zitronensaft
½ TL Salz
1 knapper TL Senf (ohne Körner)
nach Belieben 1 EL reine Edelhefe (z. B. Dr. Ritter)

Belag:
1 rote Paprikaschote (Peperoni), in Streifen
8–12 schwarze Oliven
100 g Champignons, in Scheiben geschnitten

Außerdem:
nach Belieben Olivenöl oder Chili-Olivenöl

- Den Pizzateig in der gewünschten Form ausrollen und auf ein Blech geben.
- Für die Sauce alle Zutaten in eine Schüssel geben und gut verrühren.
- Alle Zutaten für den »Käse« in den Mixer geben und gründlich pürieren.
- Den Backofen auf 250 Grad vorheizen.
- Die Sauce auf dem Pizzaboden verteilen. Paprikastreifen, Oliven und Pilze gleichmäßig darauf verteilen und zum Schluss den »Käse« darübergeben.
- Das Blech auf der untersten Rille in den vorgeheizten Ofen geben. Die Pizza 10–14 Minuten backen. Nach Belieben mit etwas Olivenöl oder Chili-Olivenöl beträufelt servieren.

Kichererbsenrösti mit Zucchini

Diese Rösti ist zwar nicht ganz typisch schweizerisch, aber eine leckere Abwechslung und liefert dazu noch mehr Protein als jede Kartoffelrösti. Am besten mit einer doppelten Portion Gurken-Raita servieren (siehe Seite 92).

Für 2 Portionen

200 g getrocknete Kichererbsen, über Nacht in Wasser eingelegt
1 Zwiebel, geschält
3 EL Zitronensaft
200 g Zucchini, geraffelt
¾ TL Salz
½ TL gemahlener Kreuzkümmel
2 EL Olivenöl

- Die Kichererbsen abtropfen lassen und zusammen mit der Zwiebel und dem Zitronensaft mit dem Stabmixer gründlich pürieren. Die geraffelte Zucchini dazugeben und gut unterrühren. Mit Salz und Kreuzkümmel würzen.
- Das Olivenöl in einer Bratpfanne erhitzen. Die Kichererbsenmasse gleichmäßig auf dem Pfannenboden verteilen und ohne Deckel 15–20 Minuten bei kleiner Hitze braten. Einen flachen Teller auf die Rösti legen und die Pfanne wenden. Eventuell nochmals etwas Öl in die Pfanne geben und die Rösti von der anderen Seite ohne Deckel nochmals 10 Minuten braten.

Rote-Bete-Schnitzel in Kokospanade

Für 2 Portionen

500 g möglichst große Rote Beten (Randen)
100 g helles Mehl
125 ml Wasser
1 TL Salz
50 g Kokosraspel
neutrales Pflanzenöl

- Die Roten Beten schälen, vom Strunk befreien und in einen Topf geben. Mit Wasser bedecken und in etwa 50 Minuten bissfest kochen. Abtropfen und abkühlen lassen.
- Drei tiefe Teller bereitstellen. In einen Teller 50 g Mehl geben. Im zweiten Teller 50 g Mehl mit dem Wasser und dem Salz zu einer dickflüssigen Masse verrühren. In den dritten Teller die Kokosraspel geben.
- Die Roten Beten in Scheiben von ½ cm Dicke schneiden und die Scheiben zuerst im Mehl, dann in der Mehl-Wasser-Mischung und anschließend in den Kokosraspeln wenden.
- Reichlich Öl in einer Bratpfanne erhitzen und die Rote-Bete-Scheiben darin bei mittlerer bis hoher Stufe 3–5 Minuten von jeder Seite goldbraun braten. Auf Küchenkrepp abtropfen lassen. Dazu passen Salat und frisches Brot.

Tipp: Damit der Geschmack der Kokosraspel richtig zur Geltung kommt, ist es wichtig, dass die Rote-Bete-Scheiben nicht zu dick geschnitten werden.

Spinatknödel an Knoblauch-Salbei-Marinade

Für 2–3 Portionen

250 g frisches Weiß- oder Halbweißbrot
300 g tiefgekühlter Blattspinat, aufgetaut
Salz
75 ml Sojamilch
50 g helles Mehl
Pfeffer aus der Mühle
2 Prisen Muskatnuss
nach Belieben 2 EL reine Edelhefe (z. B. Dr. Ritter)
2 EL Olivenöl
3 Knoblauchzehen, in dünne Scheibchen geschnitten
8–10 Salbeiblätter, in Streifen geschnitten
Zitronensaft
nach Belieben Mandel- oder Cashew-»Parmesan« (siehe Seite 161)

- Für die Knödel das Brot mit den Fingern in kleine Stücke reißen. Den Spinat gut ausdrücken und das Wasser abgießen. Einen großen Topf Salzwasser aufkochen.
- Das Brot mit Spinat, Sojamilch, Mehl, 1 gestrichenen TL Salz, Pfeffer, Muskatnuss und nach Belieben der Edelhefe 3 Minuten mit beiden Händen kräftig durchkneten, lieber zu lange als zu kurz. Aus der Masse 8–10 Knödel formen.
- Die Knödel ins siedende Wasser geben und warten, bis sie an die Oberfläche aufsteigen (etwa 5 Minuten). Aufpassen, dass sie zu Beginn nicht am Boden festkleben. Herausheben und abtropfen lassen.
- Das Olivenöl in einer Bratpfanne erhitzen. Den Knoblauch und den Salbei darin 2–3 Minuten rösten, bis die Knoblauchscheiben goldbraun sind. Dann die Knödel zugeben und weitere 2–3 Minuten braten.
- Die Knödel mit etwas Zitronensaft beträufeln und nach Belieben mit Mandel- oder Cashew-»Parmesan« bestreuen.

Tipp: Zu den Spinatknödeln passen gut Meerrettichmousse (siehe Seite 38) und Gemüse nach Wahl.

Herbstlich-winterliches Ofengemüse mit Orangen-Hummus

Für 3–4 Portionen

Gemüse:
400 g Rote Beten (Randen)
1 Mandarin-Kürbis (400–500 g) oder 300–400 g Pastinaken
2 Kartoffeln
3 Karotten
2–3 Zwiebeln, in Streifen geschnitten
4–5 Knoblauchzehen, geviertelt
Olivenöl
1 Zitrone
Salz

Orangen-Hummus:
250 g Kichererbsen aus der Dose, abgetropft
60 ml Orangensaft
40–55 g Tahin (siehe Tipp)
1 Knoblauchzehe
1 EL Zitronensaft
1 EL Olivenöl
abgeriebene Schale von 1 unbehandelten Orange
½ TL Salz
Pfeffer aus der Mühle

- Die Roten Beten gründlich waschen, oben und unten den Strunk entfernen und die Knollen in mundgerechte Stücke schneiden. Den Kürbis waschen, ungeschält entkernen und in Schnitze schneiden. Werden Pastinaken verwendet, diese waschen und ungeschält in Stücke schneiden. Die Kartoffeln und die Karotten waschen und ungeschält in mundgerechte Stücke schneiden.
- Den Backofen auf 200 Grad vorheizen.
- Die Kartoffeln, die Roten Beten, die Zwiebeln und den Knoblauch auf einem Backblech verteilen. 1–2 EL Olivenöl darüber verteilen.
- Das Gemüse im vorgeheizten Ofen 40–45 Minuten garen. Nach 10 Minuten Backzeit die Karotten und Pastinaken, nach 20 Minuten die Kürbisschnitze auf dem Blech verteilen. Alles erneut mit Olivenöl beträufeln und fertig backen, bis alles Gemüse weich ist.
- Die Zitrone halbieren und über dem Gemüse auspressen. Das Gemüse ordentlich salzen.
- Für den Hummus alle Zutaten außer der Orangenschale mit dem Stabmixer gründlich pürieren. Die Schale zugeben und den Hummus mit dem Salz und etwas Pfeffer würzen.
- Das Gemüse mit dem Hummus anrichten. Dazu passt ein gutes Brot.

Tipp: Tahin (Sesammus) gibt es in unterschiedlich kräftigen Versionen. Mein Favorit ist jenes von Lima, sehr kräftig und aromatisch im Geschmack. Bei kräftigen Sorten (z. B. Lima) reichen 40–45 g, bei helleren Sorten wie in den meisten Fällen (z. B. Rapunzel) benötigt man etwa 55 g.

Süße Verführungen

Apfel-»Milchreis« mit Walnuss-Zimt-Zucker

Für 2 Portionen

750 ml Sojamilch
4 TL Vanillezucker
125 g Risottoreis
1 Prise Salz
250 g säuerliche Äpfel (z. B. Braeburn), geraspelt
50 g gemahlene Walnüsse
3 TL gemahlener Zimt
40 g Zucker

- Die Sojamilch mit dem Vanillezucker in einem Topf aufkochen. Den Reis und das Salz einrieseln lassen und alles unter gelegentlichem Rühren auf kleiner Stufe zugedeckt 10 Minuten kochen.
- Die geraspelten Äpfel unter den Reis heben und noch so lange zugedeckt unter regelmäßigem Rühren kochen, bis der Reis fast alle Flüssigkeit aufgesogen hat (15–20 Minuten).
- Die gemahlenen Walnüsse in einer beschichteten Pfanne ohne Zugabe von Öl unter regelmäßigem Rühren rösten, bis sie leicht braun sind. Mit dem Zimt und dem Zucker mischen und beim Servieren großzügig über den Reis streuen.

Tipp: Ebenfalls sehr lecker wird der Reis, wenn anstelle von Sojamilch Mandel- oder Cashewmilch verwendet wird. Ein einfaches Rezept zur Herstellung von Mandel- bzw. Cashewmilch ist auf Seite 164 zu finden.

Aprikosentarte

Dieser Kuchen hat es tatsächlich geschafft, die Linzertorte vom Thron meiner Lieblingskuchen zu verdrängen – und das will etwas heißen!

Für eine Kuchenform von 28 cm Durchmesser

500–600 g reife Aprikosen
50 g gemahlene Mandeln
2 EL weißes Mandelmus
50 ml Sojamilch
50 g Zucker
2 Päckchen Vanillezucker
½ TL Backpulver
1 Portion Kuchenteig (siehe Seite 164)
125 g Aprikosenmarmelade
Puderzucker zum Bestreuen

- Die Aprikosen waschen, halbieren und entsteinen. Für die Creme die gemahlenen Mandeln, Mandelmus, Sojamilch, Zucker, Vanillezucker und Backpulver gründlich verrühren.
- Den Backofen auf 200 Grad vorheizen.
- Die Form mit dem Kuchenteig auslegen. Die Creme gleichmäßig auf dem Kuchenboden verteilen. Die Aprikosenhälften mit der Schnittfläche nach oben auf der Creme verteilen. Zum Schluss die Marmelade mit einem Pinsel über den Aprikosen verteilen.
- Den Kuchen im vorgeheizten Ofen auf der untersten Schiene 35–45 Minuten backen. Vor dem Servieren mit Puderzucker bestäuben.

Tipp: Am besten schmeckt die Tarte lauwarm. Außerhalb der Saison können auch Aprikosen aus der Dose oder dem Glas verwendet werden.

Baklava

150 g gehackte Walnüsse
50 g gehackte Mandeln
50 g gehackte Pistazien
¾ TL gemahlener Zimt
2 EL + 200 g Zucker
250–400 g veganer Yufka- oder Filoteig (je nach Sorte 5 oder 10 Teigblätter)
70 ml neutrales Pflanzenöl
200 g getrocknete, ungeschwefelte Aprikosen, in Streifen geschnitten
125 g Birnendicksaft (Birnel; alternativ Ahornsirup)
150 g Wasser
1 EL Zitronensaft

- Die gehackten Walnüsse, Mandeln und Pistazien mit dem Zimt und 2 EL Zucker mischen.
- Bei 5 Teigblättern diese möglichst genau halbieren. Ein großes Backblech mit Öl einpinseln. Den Backofen auf 180 Grad vorheizen.
- Zwei (halbe) Teigblätter übereinander auf das Backblech legen und mit Öl einpinseln. Die Ränder geradeschneiden, sodass ein Rechteck von etwa 35 x 22 cm entsteht. Die Hälfte der Nussmischung darauf verteilen. Zwei weitere Teigblätter darauflegen und erneut mit Öl einpinseln. Die Hälfte der Aprikosen darauf verteilen.
- Den Vorgang wiederholen und die letzten beiden Teigblätter als Deckel darauflegen. Das oberste Teigblatt besonders gut mit Öl einpinseln.
- Das gefüllte Teigrechteck nun vorsichtig mit einem scharfen, angefeuchteten Messer in kleine Rechtecke schneiden.
- Die Baklava im vorgeheizten Ofen je nach Teig 20–40 Minuten backen, bis sie goldbraun ist.
- In der Zwischenzeit die 200 g Zucker mit dem Birnendicksaft und dem Wasser erhitzen und 10 Minuten ohne Deckel auf mittlerer Stufe kochen. Den Zitronensaft zugeben. Den Sirup vollständig über die heiße Baklava geben und abkühlen lassen.

Tipp: Ungeschwefelte getrocknete Aprikosen erkennt man daran, dass sie nicht wie die geschwefelten orange, sondern braun sind.

Baklava

Bananen-Schoko-Eis

So cremig, so lecker, so einfach. Und dazu noch gesund!

Für 2–3 Portionen

450 g reife Bananen
25–30 g fettarmes Kakaopulver

- Die Bananen schälen und in Scheiben schneiden. In ein Gefäß geben und mindestens 6 Stunden einfrieren.
- Die Bananen aus dem Gefrierschrank nehmen, kurz antauen lassen und im Mixer zu einer cremigen Masse mixen.
- Das Bananenpüree mit dem Kakaopulver mischen und gut verrühren. Direkt genießen oder wieder in den Gefrierschrank stellen und erst kurz vor dem Genuss herausnehmen.

Hinweis: Falls kein ausreichend leistungsstarker Mixer zur Verfügung steht, hat man zwei Möglichkeiten: Entweder man zerkleinert die tiefgekühlten Bananen ganz fein und mixt sie danach mit dem Stabmixer. Oder aber man lässt die Bananen 30–60 Minuten antauen, dann sollte auch ein konventioneller Mixer damit fertig werden.

Herrliche Kokos-Stracciatella-Eiscreme

So lecker, dass man am liebsten darin baden würde ...

Für 500 ml

400 ml Kokosmilch
40 g Kokosraspel
80 ml Agavendicksaft (alternativ Zucker)
50 g fein geraspelte Zartbitter-schokolade

- Die Kokosmilch mit den Kokosraspeln und dem Agavendicksaft oder Zucker mischen und in den Gefrierschrank stellen. Bei der Verwendung von Zucker gründlich rühren und darauf achten, dass sich dieser vollständig aufgelöst hat.
- Nach etwa 90 Minuten die fein geraspelte Schckolade zugeben und nochmals gut umrühren. Im Gefrierschrank vollständig gefrieren lassen.

Beeren-»Joghurt«

Seit ich dieses Rezept habe, kaufe ich nicht mal mehr veganen Joghurt. Super einfach und schnell gemacht.

Für 2 Portionen

300 g reife Beeren nach Wahl (siehe Tipp)
90 g Cashewkerne
75 ml Wasser
1–2 EL Agavendicksaft (alternativ Zucker)
nach Belieben etwas gemahlene Bourbon-Vanille

- Die Beeren waschen, verlesen, vorsichtig trocknen und mit den restlichen Zutaten mit dem Stabmixer 2–4 Minuten zu einer schönen, glatten Creme mixen. Im Kühlschrank etwas ziehen lassen.
- Dazu passen frische Beeren und/oder Knuspermüsli.

Tipp: Wunderbar sind 150 g Himbeeren und 150 g Heidelbeeren. Außerhalb der Beerenzeit können anstelle der frischen Beeren genauso gut tiefgekühlte Beeren verwendet werden.

Birnenwähe »Nutella«-Style

Für eine Kuchenform von 28 cm Durchmesser

1 Portion Kuchenteig
siehe Seite 164)
5 EL gemahlene Mandeln
450–500 g reife Birnen
(z. B. Alexander), in Schnitze
geschnitten
ca. 15 Haselnüsse, grob gehackt

Guss:
20 g fettarmes Kakaopulver
45 g Haselnussmus
90 g Zucker
1 EL Maisstärke
1 Päckchen Vanillezucker (8 g)
200 ml Sojamilch
100 ml Sojarahm (Sojasahne)

- Die Form mit dem Kuchenteig auslegen und dabei einen Rand von 2 cm hochziehen. Den Teigboden mit einer Gabel mehrmals einstechen und die gemahlenen Mandeln darauf verteilen.
- Die Birnenschnitze auf dem Teigboden verteilen.
- Den Backofen auf 200 Grad vorheizen.
- Alle Zutaten für den Guss in ein hohes Gefäß geben, mit dem Stabmixer gut mixen und erst ganz kurz vor dem Backen gleichmäßig auf dem Kuchenboden verteilen.
- Die Birnenwähe im vorgeheizten Ofen 30–35 Minuten backen. Nach 15 Minuten Backzeit die grob gehackten Haselnüsse darauf verteilen und die Wähe fertig backen.

Tipp: Anstelle von Haselnussmus kann auch braunes Mandelmus verwendet werden.

Blueberry-Muffins mit Zimtkruste

Für 9–12 Stück

Muffins:
250 g helles Mehl
130 g Zucker
1 Päckchen Vanillezucker (8 g)
1 Prise Salz
1 Päckchen Backpulver (17 g)
200 ml Sojamilch
80 g Albaöl (alternativ neutrales Pflanzenöl)
200 g Heidelbeeren

Streusel:
2 TL gemahlener Zimt
40 g Zucker
70 g helles Mehl
50 g weiche pflanzliche Margarine

- Für die Muffins die trockenen Zutaten in eine Schüssel geben und vermischen. Die Sojamilch und das Öl zugeben und gut unterrühren. Die Heidelbeeren waschen, verlesen, trocknen und vorsichtig unter die Masse heben.
- Muffin-Papierförmchen in die Mulden eines Muffinblechs geben. Dann den Teig in den Mulden verteilen und glatt streichen.
- Den Backofen auf 190 Grad vorheizen.
- Für die Streusel die trockenen Zutaten in eine Schüssel geben und vermischen. Die weiche Margarine zugeben (harte Margarine etwas vorher aus dem Kühlschrank nehmen) und mit einer Gabel langsam und sachte darunterdrücken, bis nur noch feine Krümel vorhanden sind. Die Krümel gleichmäßig auf den Muffins verteilen.
- Die Muffins im vorgeheizten Ofen etwa 25 Minuten backen.

Tipp: Die Garprobe machen: Mit einem Holzstäbchen in eines der Muffins stechen – wenn kein Teig mehr daran haften bleibt, sind die Muffins fertig.

Cappuccino-Muffins mit Mandelsahnehäubchen

Für 9–12 Stück

Muffins:
325 g helles Mehl
1 Päckchen Backpulver (17 g)
1 Päckchen Vanillezucker (8 g)
1 Prise Salz
120 g Zucker
2 TL Instant-Kaffeepulver
2 EL heißes Wasser
175 ml Sojamilch
120 ml neutrales Pflanzenöl

Mandelrahm:
80 g Kokosfett
1 EL weißes Mandelmus
1 EL Zucker
50 ml Wasser
1 TL Zitronensaft

Außerdem:
Kakaopulver zum Bestreuen

- Für die Muffins die trockenen Zutaten außer dem Kaffeepulver in eine Schüssel geben und vermischen.
- Das Kaffeepulver vollständig in dem heißen Wasser auflösen und mit der Sojamilch und dem Öl zu den trockenen Zutaten geben. Alles gut vermischen.
- Den Backofen auf 190 Grad vorheizen.
- Muffin-Papierförmchen in die Mulden eines Muffinblechs geben. Dann den Teig in die Mulden geben und glatt streichen.
- Die Muffins im vorgeheizten Ofen etwa 20 Minuten backen. Mit einem Holzstäbchen die Garprobe machen (siehe Tipp Seite 136).
- Für den Mandelrahm das Kokosfett in einem Topf langsam schmelzen lassen. Das Mandelmus zugeben und etwa 1 Minute leicht anbraten. Die restlichen Zutaten hinzufügen und mit dem Schwingbesen gut verrühren. Nur noch kurz kochen lassen.
- Den Mandelrahm vom Herd nehmen und abkühlen lassen. Zum Festwerden eventuell einige Zeit in den Kühlschrank stellen.
- Den Mandelrahm mit einem Spritzbeutel auf den ausgekühlten Muffins verteilen und mit etwas Kakaopulver bestreuen.

Gefüllte »Biberli«

Ein Appenzeller Klassiker!

225 g Vollkornmehl
75 g Zucker
¾ TL gemahlener Zimt
⅓ TL gemahlene Nelken
1 Prise Muskatnuss
1 Prise Salz
150 g Birnendicksaft (Birnel; alternativ Ahornsirup)
2–4 EL Wasser
135 g weißes Marzipan
Mehl für die Arbeitsfläche

- Das Mehl mit dem Zucker und den Gewürzen mischen. Den Birnendicksaft zugeben und alles durchkneten. Esslöffelweise das Wasser zugeben, bis ein Teig entsteht, der sich gut kneten und zu einer kompakten Masse formen lässt, die gut zusammenhält, aber nicht zu feucht ist.
- Den Teig mithilfe von ausreichend Mehl auf Backpapier zu einem Rechteck von 36 x 20 cm auswallen. Den Teig von der langen Seite her zu zwei Rechtecken à 18 x 20 cm schneiden.
- Den Backofen auf 180 Grad vorheizen.
- Das Marzipan auf einer gut bemehlten Arbeitsfläche zu einem Rechteck von 18 x 20 cm auswallen und auf eine der Teighälften legen. Die zweite Teighälfte als Deckel darauflegen.
- Im vorgeheizten Ofen 17–20 Minuten backen. Nach dem Backen in kleine Rechtecke schneiden und in einem Plastikgefäß oder in Folie verpackt aufbewahren, damit sie nicht austrocknen. So aufbewahrt halten sie sich längere Zeit.

Klassischer Apfelstrudel mit Vanillesauce

Teig:
1 Portion Strudelteig aus hellem Mehl (siehe Seite 164)
50 g pflanzliche Margarine (alternativ neutrales Öl)
Mehl für die Arbeitsfläche

Füllung:
50 g Sultaninen
4 EL gemahlene Haselnüsse
4 EL Zucker
½ TL gemahlener Zimt
abgeriebene Schale von ½ unbehandelten Zitrone (oder ¾ TL getrocknete Zitronenschale)
550 g säuerliche Äpfel (z. B. Braeburn)
1 EL Zitronensaft

Vanillesauce:
1 Vanilleschote
500 ml Sojamilch
40 g weißes Mandelmus
2 EL Zucker
1½ EL Maisstärke, in 1–2 EL Sojamilch aufgelöst

- Für die Füllung die trockenen Zutaten in einer großen Schüssel mischen. Die Äpfel waschen, vierteln, entkernen und in feine Scheiben schneiden. Zusammen mit dem Zitronensaft zu den trockenen Zutaten geben und gut vermischen.
- Den Strudelteig auf einer bemehlten Arbeitsfläche zu einem dünnen Rechteck auswallen, auf ein Tuch legen und zu einem Rechteck von etwa 35 x 45 cm ziehen. Die Margarine erwärmen und gleichmäßig auf dem Teig verstreichen.
- Den Backofen auf 200 Grad vorheizen.
- Die Füllung auf dem Teig verteilen, rundum 2 cm frei lassen. Den Teig von der langen Seite her aufrollen und die Seiten zusammendrücken.
- Den Strudel mit der Nahtseite nach unten auf ein mit Backpapier belegtes Blech legen, erneut mit Margarine bestreichen und im vorgeheizten Ofen 30–40 Minuten backen.
- Für die Vanillesauce die Vanilleschote längs aufschneiden und das Mark herauskratzen. Das Vanillemark mit Sojamilch, Mandelmus und Zucker in einen Topf geben und verrühren. Aufkochen, die angerührte Maisstärke zugeben und unter ständigem Rühren 1–2 Minuten kochen. Danach etwas abkühlen lassen.
- Den Strudel mit der Vanillesauce anrichten und warm oder kalt genießen.

Healthy-Lifestyle Strawberry-Cheesecake

Für eine Springform von 18 cm Durchmesser

Boden:
100 g weiche Datteln (Bruttogewicht; entsteint 85 g)
100 g gemahlene Mandeln
40 g Kokosfett, geschmolzen
1–2 TL Wasser

Füllung:
200–225 g Erdbeeren
140 g Cashewkerne
3 EL Wasser
100 g Kokosfett, geschmolzen
2 EL Agavendicksaft (alternativ Zucker)

Außerdem:
frische Erdbeeren zum Garnieren

- Für den Boden die Datteln entsteinen und mit einem Messer so fein wie möglich hacken. Mit den gemahlenen Mandeln mischen. Das geschmolzene Kokosfett und das Wasser kräftig einkneten. Die Springform mit der Dattelmischung auskleiden und in den Kühlschrank stellen.
- Für die Füllung die Erdbeeren waschen, putzen und vorsichtig trocknen. Mit den anderen Zutaten mit dem Stabmixer gründlich pürieren, bis eine gleichmäßige, glatte Creme entsteht. Die Creme auf dem Teigboden verteilen und die Form mindestens 2 Stunden in den Kühlschrank stellen.
- Den Kuchen mit frischen Erdbeeren garnieren und bis zum Servieren im Kühlschrank aufbewahren.

Tipps: Wer keine geeignete Springform besitzt, kann aus der Dattelmasse auf einer flachen Unterlage einen Boden von 18 cm Durchmesser formen und diesen zum Festwerden in den Kühlschrank stellen. Die Füllung separat mindestens 2 Stunden im Kühlschrank fest werden lassen. Danach kann die Füllung ganz einfach auf dem Boden verteilt werden, ohne dass sie zerläuft.
Für einen doppelt so großen Kuchen kann eine Springform mit 26 cm Bodendurchmesser verwendet werden.

Peanutbutter-Chocolate-Chip-Cookies

Für 16–20 Stück

200 g helles Mehl
1 TL Backpulver
½ TL gemahlene Bourbon-Vanille
½ TL gemahlener Zimt
170 g Zucker
¾ TL Salz
70 g vegane Zartbitterschokolade, gehackt (vegane Chocolate Chips)
200 g Erdnussmus (siehe Tipp Seite 84)
100 ml Sojamilch
60 g neutrales Pflanzenöl

- Das Mehl mit Backpulver, Vanille, Zimt, Zucker, Salz und der gehackten Schokolade in eine Schüssel geben und vermischen.
- Das Erdnussmus, die Sojamilch und das Öl in einem separaten Gefäß zu einer homogenen cremigen Masse verrühren. Diese zu den trockenen Zutaten geben und mit den Händen kurz, aber kräftig zu einem Teig kneten.
- Den Backofen auf 200 Grad vorheizen.
- Aus dem Teig Kugeln formen und diese auf ein mit Backpapier ausgelegtes Backblech legen. Die Kugeln mit einer Gabel zu flachen Plätzchen (5–7 cm Durchmesser) formen. Die Plätzchen im vorgeheizten Ofen 10–12 Minuten backen. Abkühlen lassen.

Philips Kokosmakronen

Für etwa 30 Stück

100 g weißes Marzipan
180 g Puderzucker
2 EL Zitronensaft
2 TL Maisstärke
1 TL Backpulver
100 ml Wasser
1 Prise Salz
200 g Kokosraspel

- Das Marzipan in Stücke schneiden und in einer Schüssel mit Puderzucker, Zitronensaft, Maisstärke, Backpulver, Wasser und Salz verrühren.
- Die Kokosraspel in einer Bratpfanne ohne Zugabe von Öl unter Rühren 3–4 Minuten rösten, bis sie gerade beginnen leicht goldbraun zu werden, auf keinen Fall länger. Kurz abkühlen lassen. Die Kokosraspel in die Schüssel geben, untermischen und alles kräftig durchkneten.
- Den Backofen auf 180 Grad vorheizen.
- Aus dem Teig mithilfe von zwei Teelöffeln Makronen formen und diese auf ein mit Backpapier ausgelegtes Backblech legen. Die Makronen im vorgeheizten Ofen 14–20 Minuten backen.

Riesenspitzbub

75 g weiche pflanzliche Margarine
75 g Zucker
1 gestrichener TL Vanillezucker
1 Prise Salz
2–3 EL Wasser
180 g helles Mehl
80 g Himbeermarmelade
Puderzucker zum Bestreuen
Mehl für die Arbeitsfläche

- Die weiche Margarine mit Zucker, Vanillezucker und Salz in eine Schüssel geben und 2–3 Minuten kräftig rühren. Harte Margarine kurz vor dem Gebrauch aus dem Kühlschrank nehmen.
- Das Wasser zugeben und kurz unterrühren. Dann das Mehl dazugeben und den Teig, ohne viel zu kneten, zu einer Kugel zusammenfügen. Den Teig in Folie wickeln und mindestens 1 Stunde in den Kühlschrank stellen.
- Den Teig abwiegen und genau halbieren. Jede Hälfte auf Backpapier mithilfe von ausreichend Mehl zu einem Kreis auswallen, der einen knapp größeren Durchmesser als 19 cm hat. Einen Teller oder eine andere Vorlage mit 19 cm Durchmesser auf den Teig legen und den überstehenden Rand wegschneiden. Das Backpapier mit dem Teig darauf auf ein Backblech legen.
- Den Backofen auf 200 Grad vorheizen.
- Von Hand oder mit einer Papiervorlage aus der einen Teighälfte ein Gesicht ausschneiden. Nach Belieben einen Teil des Teigrestes zu einem Kreis formen und diesen als Nase verwenden. Die übrigen Teigreste flach drücken und auf dem Backpapier verteilen.
- Die Teigkreise im vorgeheizten Ofen 7–8 Minuten backen. Sie sollten nicht braun werden. Kurz abkühlen lassen und dann die Marmelade auf der noch warmen Hälfte ohne Gesicht verstreichen, nicht ganz bis an den Rand. Die andere Hälfte passend darauflegen. Vollständig abkühlen lassen und großzügig mit Puderzucker bestäuben.

Tipp: Den Spitzbub nicht mit Folie bedecken oder in einem Plastikgefäß aufbewahren, sonst weicht der Teig zu stark auf. Am besten in einer Metallbox oder in Papier aufbewahren – oder ganz einfach sofort essen …

Schokoladenmousse

100 g vegane Zartbitterschokolade
400 ml Sojarahm (Sojasahne, z. B. Natumi)
2 Päckchen Rahmhalter (Sahnesteif) à 6 g
50 g Zucker
Mark von ½ Vanilleschote
1 Prise Salz
nach Belieben frische Beeren oder 2 Orangen
frische Pfefferminze zum Garnieren

- Die Schokolade im Wasserbad langsam schmelzen. Den Sojarahm mit dem Handrührgerät aufschlagen, den Rahmhalter einrieseln lassen und nochmals 1–2 Minuten schlagen.
- Den Sojarahm zusammen mit Zucker, Vanillemark und Salz vorsichtig unter die flüssige Schokolade heben. Abkühlen lassen und mindestens 2 Stunden in den Kühlschrank stellen.
- Die Mousse nach Belieben mit frischen Beeren oder Orangenschnitzen anrichten und mit etwas frischer Pfefferminze garniert servieren.

Tipp: Auch mal andersrum probieren, also die flüssige Schokolade unter den Schlagrahm heben und dann vermengen. So bilden sich feine Schokoladenstücke, was nicht nur hübsch aussieht, sondern auch toll schmeckt.

Erdbeer-Schoko-Traum mit karamellisierten Haferflocken

Für 2–4 Portionen

½ Portion Schokomousse (siehe Seite 150)
frische Pfefferminze zum Garnieren

Erdbeermousse:
300 g reife Erdbeeren
75 g Zucker
200 ml Sojarahm (Sojasahne, z. B. Natumi)
1 Päckchen Rahmhalter (Sahnesteif) à 6 g
2 TL Limettensaft oder Zitronensaft

Karamellisierte Haferflocken:
1 EL pflanzliche Margarine
50 g Haferflocken
1 EL Birnendicksaft (Birnel; alternativ Ahornsirup)
nach Belieben 1 Prise gemahlener Zimt

- Für die Erdbeermousse die Erdbeeren waschen, putzen, trocknen und mit dem Stabmixer gründlich pürieren. Den Zucker zugeben und gut verrühren.
- Den Sojarahm mit dem Handrührgerät aufschlagen, den Rahmhalter einrieseln lassen und 1 Minute weiterschlagen. Den Schlagrahm zusammen mit dem Limettensaft langsam unter die Erdbeeren heben. Wenn möglich, einige Stunden kühl stellen.
- Für die Haferflocken die Margarine in einer beschichteten Pfanne schmelzen. Die Haferflocken zugeben und 3–6 Minuten unter Rühren goldbraun, aber nicht zu dunkel rösten. Den Birnendicksaft und den Zimt zugeben und ganz kurz mitbraten.
- Die Schoko- und die Erdbeermousse schichtweise in Gläser füllen und mit den karamellisierten Haferflocken und etwas frischer Minze garnieren.

Sweet Falafel

Für 20–22 Stück

125 g getrocknete Kichererbsen, über Nacht in Wasser eingeweicht
90 g Birnendicksaft (Birnel; alternativ Ahornsirup)
2 TL Zitronensaft
¾ TL getrocknete Zitronenschale
½ TL getrocknete Orangenschale
½ TL gemahlener Kreuzkümmel
½ TL gemahlener Koriander
¼ TL Salz
neutrales Pflanzenöl

- Die eingeweichten Kichererbsen abtropfen lassen. Zusammen mit den restlichen Zutaten außer dem Öl mit dem Stabmixer zu einer homogenen Masse mixen.
- Reichlich Öl in einer Bratpfanne erhitzen. Aus der Kichererbsenmasse mit den Händen walnussgroße Kugeln formen und ins heiße Öl geben. Die Falafel rundherum auf mittlerer bis hoher Stufe goldbraun braten. Zwischendurch falls nötig nochmals Öl zugeben.

Truffes

100 g vegane Zartbitterschokolade
60 g (ca. 3 EL) weißes Mandel- oder Cashewmus (siehe Tipp)
50 ml Wasser
1–2 Prisen gemahlener Zimt
1 Prise Salz
Kokosraspel und/oder geraspelte Schokolade

- Die Schokolade über einem Wasserbad auf kleiner Hitze langsam schmelzen.
- Das Mandel- oder Cashewmus zugeben und verrühren. Wasser, Zimt und Salz zugeben und gründlich mischen. Abkühlen lassen und danach zum Festwerden in den Kühlschrank stellen.
- Aus der Masse Kugeln formen und diese in Kokosraspeln oder etwas geraspelter Schokolade wenden. Im Kühlschrank aufbewahren.

Tipp: Anstelle von fertigem Mandel- oder Cashewmus können auch 60 g Cashewkerne 10 Minuten in 50 ml Wasser eingeweicht werden. Danach zusammen mit dem Einweichwasser in einem hohen Gefäß mit dem Stabmixer so lange gründlich pürieren, bis eine möglichst feine Creme entsteht. Dann für die weitere Verarbeitung im Rezept kein zusätzliches Wasser mehr zufügen.

Vanille-Dampfnudeln an Zimt-Rotwein-Zwetschgen

Für 2 Portionen

Vanille-Dampfnudeln:
200 ml Sojamilch
10 g frische Hefe
150 g helles Mehl
30 g Zucker
¼ TL Salz
1½ EL pflanzliche Margarine
2 EL weißes Mandelmus
Mark von ½ Vanilleschote (siehe Tipp)
Puderzucker zum Bestreuen

Zimt-Rotwein-Zwetschgen:
80 g Zucker
100 ml Rotwein
400 g Zwetschgen, geviertelt
1 Zimtstange
Mark von ½ Vanilleschote

● Für die Dampfnudeln 75 ml Sojamilch leicht erwärmen (nur lauwarm, nicht heiß) und die Hefe darin vollständig auflösen. Das Mehl mit Zucker und Salz mischen. Die aufgelöste Hefe zugeben und alles kräftig zu einem glatten Teig kneten, der nicht mehr an den Fingern klebt. Falls der Teig zu trocken ist, noch etwas Sojamilch zugeben. Aus dem Teig vier Kugeln formen.

● Die Margarine in einem Topf zerlassen. Die Dampfnudeln hineinlegen und auf der warmen, aber ausgeschalteten Herdplatte zugedeckt 15 Minuten gehen lassen.

● Die restliche Sojamilch mit dem Mandelmus und dem Vanillemark gut vermischen, bis sich das Mandelmus vollständig aufgelöst hat. Die Vanillemilch über die Dampfnudeln gießen und alles bei kleiner bis mittlerer Hitze, ohne den Deckel zu heben, 20–25 Minuten kochen. Am Boden des Topfes sollte sich eine goldbraune Kruste bilden.

● In der Zwischenzeit für die Zimt-Rotwein-Zwetschgen den Zucker in einem Topf schmelzen und karamellisieren lassen, bis eine goldbraune Flüssigkeit entsteht. Dann sehr vorsichtig der Reihe nach den Rotwein, die Zwetschgen, die Zimtstange und das Vanillemark zugeben und alles auf kleiner bis mittlerer Stufe bei halb offenem Deckel 10–12 Minuten einkochen lassen.

● Die Dampfnudeln zusammen mit der am Boden entstandenen Schicht vorsichtig aus dem Topf schaben und auf Tellern mit den noch warmen Zwetschgen anrichten. Mit Puderzucker bestäubt servieren.

Tipp: Das Mark einer Vanilleschote erhält man am besten, indem man die Schote längs aufschneidet und dann das Mark mit einem Messer vorsichtig herauskratzt.

JUNGE
VEGANE
KÜCHE
by Philip Hochuli

Basics

Salatsaucen

Ohne Salat geht bei mir gar nichts. Das richtige Dressing ist dabei entscheidend. Diese Dressings lassen sich über längere Zeit im Kühlschrank aufbewahren, zum Beispiel in einer Plastik- oder Glasflasche. So hat man immer ein leckeres Dressing zur Hand, wenn man Lust auf Salat hat.

Mildes Zitronen-Olivenöl-Dressing

Ergibt 450 ml

250 ml Zitronensaft
200 ml Olivenöl
1 EL Senf
nach Belieben 2 Knoblauchzehen, gepresst

- Alle Zutaten mit dem Schwingbesen kräftig verrühren.

Tipp: Ich empfehle, frischen Zitronensaft oder alternativ reinen Zitronensaft aus dem Glas (z. B. von Beutelsbacher) zu verwenden. Dieses Dressing harmoniert ausgezeichnet mit frischem Spinatsalat.

Curry-Dream-Dressing

Ergibt 450 ml

240 g Mayonnaise (siehe Seite 163)
60 g Weißweinessig
60 g neutrales Pflanzenöl
40–80 ml Wasser
3 gute EL Currypulver
½ EL edelsüßes Paprikapulver
¾ TL Salz
¾ TL Zucker
nach Belieben 1–2 TL rote Currypaste (ohne Fisch)

- Alle Zutaten mit dem Schwingbesen gut verrühren. Bei Bedarf nochmals etwas Wasser zufügen.

Thousand-Island-Dressing

Ergibt 450 ml

65 g Mayonnaise (siehe Seite 163)
1 kleiner Sojajoghurt (125 g)
125 g Ketchup
40 g Senf (ohne Körner)
1 Zwiebel, ganz fein gehackt
125 ml Weißweinessig
1 EL edelsüßes Paprikapulver
½–1 TL Zucker
nach Belieben 1 rote Paprikaschote (Peperoni), ganz fein gewürfelt

- Alle Zutaten mit dem Schwingbesen gut verrühren.

Philips Hausdressing

Ergibt 400 ml

200 ml guter Balsamicoessig
100 ml Tamari (Bio-Sojasauce)
50 ml neutrales Pflanzenöl
2–4 EL Wasser
20 g Tomatenmark

- Alle Zutaten mit dem Schwingbesen gut verrühren.

Italienische Salatsauce

Ergibt 450 ml

1 Zwiebel, geviertelt
1 Knoblauchzehe, geschält
150 ml Olivenöl
120 ml Weißweinessig
125 ml Wasser
1 EL Tomatenmark
2 TL getrocknetes Basilikum
1 TL getrockneter Oregano
¾ TL Salz
Pfeffer aus der Mühle

- Alle Zutaten mit dem Stabmixer gut pürieren.

Béchamelsauce

Ergibt 300 ml

2 EL neutrales Pflanzenöl
1½ EL helles Weizenmehl
300 ml Sojamilch
1 Prise Muskatnuss
½ TL Senf (ohne Körner)
¼ TL Salz
Pfeffer aus der Mühle

- Das Öl in einem Topf erhitzen. Das Mehl einrieseln lassen und mit dem Schwingbesen verrühren. Auf mittlerer Hitze 1 Minute anschwitzen.
- Die Sojamilch zugeben und gut verrühren. Aufkochen und 2–3 Minuten unter ständigem Rühren kochen und eindicken lassen. Mit Muskat, Senf, Salz und Pfeffer würzen.

Cashew-»Käse«

Eine tolle Käse-Alternative zum Überbacken. Beispielsweise für Lasagne, Pizza oder gefülltes Gemüse.

130 g Cashewkerne
½ TL Salz
4 TL Zitronensaft

- Die Cashewkerne im Mixer ganz fein mahlen.
- Zuerst mit dem Salz mischen, dann den Zitronensaft unterkneten.

Cashew-»Parmesan«

Eine leckere Alternative, die überall anstelle von klassischem Parmesan eingesetzt werden kann. Gut verschlossen, hält sich dieser »Parmesan« fast beliebig lange.

Ergibt 100 g

50 g Cashewkerne
50 g reine Edelhefe (z. B. Dr. Ritter)
½ TL Meersalz

- Die Cashewkerne und die Hefeflocken in der Küchenmaschine fein mahlen. Mit dem Meersalz mischen.

Tipp: Für leckeren Mandelparmesan auch mal mit geschälten Mandeln anstelle von Cashewkernen probieren.

»Käse« aus Edelhefe

Eine sehr schmackhafte und würzige Alternative zu Käse. Nicht nur zum Überbacken, sondern auch extrem lecker auf Brot.

2 EL neutrales Pflanzenöl
30 g helles Weizenmehl
250 ml Wasser
2 TL Senf (ohne Körner)
1½ TL Salz
35 g reine Edelhefe (z. B. Dr. Ritter)

- Das Öl in einem Topf erhitzen. Das Mehl einrieseln lassen und mit dem Schwingbesen verrühren. Auf mittlerer Hitze 1 Minute anschwitzen.
- Den Topf vom Herd nehmen. 2 EL Wasser, den Senf und das Salz unterrühren. Dann die Hefeflocken und das restliche Wasser zugeben und alles gut vermischen.
- Unter ständigem Rühren mit dem Schwingbesen so lange aufkochen, bis eine cremige Masse entsteht, die keine Klümpchen mehr enthält.
- Man kann diesen »Käse« sofort verwenden, zum Beispiel für Pizza, Toast Hawaii, Lasagne usw., oder abkühlen lassen und als leckeren Brotaufstrich genießen.

Sour Cream

Auch hierzu zwei Varianten. Ich bevorzuge die erste Variante mit Seidentofu; sie wird herrlich cremig. Die zweite Variante wird mit normalem Tofu hergestellt und hat damit den Vorteil, dass alle Zutaten dafür ganz einfach in jedem Supermarkt zu erwerben sind. Beide Varianten sind ideal für Dips, Baked Potatoes, Sandwiches usw.

Variante 1

Für 2 Portionen

200 g Seidentofu
1 EL Zitronensaft
1 EL Olivenöl
1 EL Weißweinessig
¼ TL Salz
1 Prise Zucker

- Alle Zutaten mit dem Mixer 2–3 Minuten mixen, bis alles schön cremig ist.

Variante 2

200 g Tofu
4 EL Wasser
2 EL Zitronensaft
2 EL Olivenöl
2 EL Weißweinessig
¼ TL Salz
1 Prise Zucker

- Alle Zutaten mit dem Mixer gründlich pürieren, bis alles schön cremig ist.

Mayonnaise

Zwei Varianten für vegane Mayonnaise. Ich bevorzuge Variante 1, die in Geschmack, Cremigkeit und Konsistenz einfach unschlagbar authentisch ist. Variante 1 hält sich im Kühlschrank rund 3 Wochen, Variante 2 etwas weniger lange.

Variante 1

50 ml kaltes Wasser
200 ml neutrales Sonnenblumenöl
1 EL weißes Mandelmus
1 EL Senf (ohne Körner)
1 EL Weißweinessig
Salz

- Die Zutaten bis auf das Salz der Reihe nach in ein möglichst hohes und schmales Gefäß geben, ohne sie zu mischen.
- Den Stabmixer bis ganz unten eintauchen, damit beim Mixen zu Beginn keine Luft von außen angesaugt wird. Andernfalls kann es sein, dass die Mayonnaise nicht emulgiert und das Resultat unbefriedigend wird.
- 20 Sekunden mixen und den Stabmixer unten lassen (am besten auf kleiner Stufe beginnen), dann nochmals 20 Sekunden mixen und dabei den Stabmixer langsam auf und ab bewegen.
- Die Mayonnaise salzen und vor Gebrauch kurz umrühren. Diese Mayonnaise gewinnt im Kühlschrank noch zusätzlich an Festigkeit.

Variante 2

100 ml Sojamilch
1 EL Senf (ohne Körner)
1 EL Zitronensaft oder Weißweinessig
Sonnenblumenöl oder Rapsöl
Salz
nach Belieben etwas Kala Namak (Schwarzsalz)

- Die Sojamilch, den Senf und den Zitronensaft in ein hohes Gefäß geben. Etwas Öl zugeben und mixen, wie unter Variante 1 beschrieben.
- So lange Öl zugeben, bis die gewünschte Konsistenz erreicht ist (etwa 200 ml). Zum Schluss mit ausreichend Salz und falls vorhanden mit etwas Kala Namak abschmecken; dieses verleiht den typischen Ei-Geschmack.

Kräuterbutter

Für 6–10 Portionen

150 g weiche pflanzliche Margarine
3 Knoblauchzehen, gepresst
1½ EL Zitronensaft
1¼–1½ TL Salz
frisch gehackter Schnittlauch
frisch gehackte Petersilie
frisch gehacktes Basilikum
frischer Thymian

- Die Margarine mit dem Knoblauch und dem Zitronensaft sämig schlagen. Harte Margarine rechtzeitig aus dem Kühlschrank nehmen.
- Das Salz und reichlich frische Kräuter zugeben und gut mischen, lieber zu viel als zu wenig Kräuter. Mit dem Spritzbeutel oder von Hand portionieren und mindestens 1 Stunde in den Gefrierschrank stellen. Danach im Kühlschrank oder Gefrierschrank aufbewahren.

Mandelmilch

Wenn es um Milchalternativen geht, gehören Mandel- oder Cashewmilch neben Dinkelmilch zu meinen Favoriten. Mit diesem Rezept kann man Mandelmilch ganz easy auch zu Hause zubereiten, jederzeit.

4–5 TL weißes Mandelmus
500 ml Wasser
1–2 TL Agavendicksaft (oder ein anderes Süßungsmittel)

- Das Mandelmus in einem Topf mit dem Wasser aufkochen. Mit dem Schwingbesen rühren, bis sich das Mandelmus vollständig aufgelöst hat. Abkühlen lassen und mit Agavendicksaft süßen.
- Im Kühlschrank aufbewahren und vor Gebrauch schütteln. Hält sich 3–4 Tage.

Tipp: Klappt auch mit Cashewmus für köstliche Cashewmilch.

Kuchenteig

250 g Mehl nach Wahl
½ TL Salz
für süße Gebäcke zusätzlich: 2 EL Zucker
100 g kalte pflanzliche Margarine
90–110 ml kaltes Wasser
1 TL Weißweinessig

- Das Mehl und das Salz (bei süßen Gebäcken auch den Zucker) mischen. Die Margarine zugeben und mit den Fingern, ohne zu kneten, hineindrücken, bis keine Klümpchen mehr vorhanden sind.
- Das Wasser mit dem Essig mischen und zu der Mehlmischung geben. Nur kurz durchkneten und aus dem Teig eine kompakte Kugel formen. Diese in Folie wickeln und mindestens 30 Minuten in den Kühlschrank stellen.
- Der Teig lässt sich nun am besten von Hand in die passende Form bringen, man kann ihn aber auch unter einer Folie auswallen.

Tipp: Ruch- und Vollkornmehle brauchen eher 110 ml Wasser, hellere Mehle eher 90–100 ml für die perfekte Konsistenz.

Strudelteig

250 g Mehl nach Wahl
für salzige Strudel: 1½ TL Salz
für süße Strudel: ½ TL Salz
40 g neutrales Pflanzenöl
130–150 ml lauwarmes Wasser

- Das Mehl in einer Schüssel mit dem Salz mischen. Das Öl und das Wasser zugeben und alles kurz kneten. Ein Tuch auf die Schüssel legen und den Teig mindestens 30 Minuten ruhen lassen.

Tipp: Für Vollkornmehl 150 ml Wasser verwenden, für hellere Mehle etwas weniger.

Pizzateig

Für 2 mittelgroße Pizzen

15 g frische Hefe
125 ml lauwarmes Wasser
¾ TL Zucker
210 g helles Mehl
½ TL Salz
1 EL Olivenöl
Mehl für die Arbeitsfläche

- Die Hefe im lauwarmen Wasser zusammen mit dem Zucker vollständig auflösen.
- Das Mehl und das Salz in einer Schüssel mischen. Die Hefemischung und das Olivenöl zugeben und auf einer bemehlten Arbeitsfläche 5–10 Minuten kräftig zu einem glatten Teig kneten, der nicht mehr an den Fingern klebt. Den Teig in einer Schüssel mit einem Tuch bedecken und mindestens 30 Minuten gehen lassen.
- Den Teig halbieren und beide Hälften auf einer bemehlten Arbeitsfläche zur gewünschten Form und Dicke auswallen.

Tipp: Damit beide Pizzen auf ein Blech passen, eignet sich eine ovale Form von etwa 19 x 26 cm. Wer es weniger amerikanisch und mehr italienisch mag, also dünn und knusprig, muss den Teig dünner auswallen und die Pizzen nicht miteinander, sondern nacheinander im Ofen backen.

Spätzle

Für 2–3 Portionen

160 g helles Mehl
100 g Hartweizengrieß
1½ TL Maisstärke
¾ TL Salz
225 ml Wasser

- Die trockenen Zutaten in eine Schüssel geben und miteinander vermischen. Das Wasser zugeben und mit einer Kelle den Teig kräftig schlagen.
- Einen großen Topf Salzwasser erhitzen. Die Spätzle mit einem Spätzlehobel portionsweise ins kochende Salzwasser hobeln. Abschöpfen, sobald sie an die Oberfläche steigen, und kurz in kaltem Wasser abschrecken und abtropfen lassen.

Rezeptregister